우울과 불안에 대한 새로운 접근

긍정정서치료

워크북

Alicia E. Meuret · Halina J. Dour · Amanda G. Loerinc Guinyard · Michelle G. Craske 공저
김경희 · 이희경 공역

POSITIVE
AFFECT TREATMENT
FOR DEPRESSION AND ANXIETY

학지사

여러분에게 긍정정서치료(Positive Affect Treatment: PAT)를 소개하게 되어 매우 기쁩니다. 긍정정서치료는 일상에서 긍정적인 정서를 만끽하기 어렵거나, 긍정적인 정서를 느낄 만한 활동에 흥미를 갖지 못하는 상태를 변화시키기 위해 개발된 치료법입니다. 이는 흔히 우울증, 불안장애를 겪을 때 나타나며, 이 책에서 소개한 바와 같이 '무쾌감증(anhedonia)'이라 부릅니다. 여러분이 만일 일상에서 기쁨, 자부심, 사랑, 즐거움 등과 같은 긍정적인 정서를 느끼기 어렵거나, 평소에 자신이 의미 있는 성취를 했어도 스스로를 칭찬하지 못하거나, 미래에 대한 긍정적인 결과보다는 부정적인 결과를 더 많이 예상하는 경향이 있다면, 긍정정서치료가 당신에게 도움이 될 것입니다.

이 책은 여러분이 삶에서 행복을 되찾아 갈 수 있도록 돕는 전략을 소개합니다. 이를 위해 과학적인 연구 결과를 바탕으로 기분 시스템에 대한 설명과 긍정적인 정서를 경험할 수 있는 다양한 방법을 제시합니다. 쉽고 간결한 안내와 일상에서 구체적인 실천을 돕는 활동지들이 수록되어 있어, 책을 읽으면서 차례대로 따라가고 연습하다 보면 이 프로그램을 수월하게 완주할 수 있을 것입니다. 긍정정서치료는 불안장애 또는 주요우울장애로 진단받은 사람의 무쾌감증을 표적으로 개발된 치료 방법이지만, 이러한 장애 진단에 부합하지 않더라도 심리적인 문제로 인해 일상에서 긍정적인 정서를 느끼기 어려운 사람에게 적용할 수 있습니다. 여러분이 이 책에 수록된 '치료 적합성 평가(29쪽)'에 해당되는 어려움들을 가지고 있다면 이 치료가 도움이 될 것입니다. 만일 당신에게 어떤 치료가 적합한지 판단하기 어렵거나, 자살 및 자해 충동, 알코올 및 약물 의존, 트라우마 등의 문제가 있다면 정신과 의사 혹은 공신력 있는 기관에서 전문 자격을 취득한 상담심리전문가 또는 임상심리전문가와 상의하기 바랍니다.

흔히 우울, 분노, 불안, 두려움과 같은 부정적인 정서는 우리의 주의를 쉽게 끌어당깁니다. 이러한 정서가 느껴지면 '지금 나에게 무슨 일이 일어나고 있지? 내가 왜 이러지?'와 같은 생각을 하게 되는데, 이는 어떤 문제가 일어나고 있다는 (또는 일어날지도 모른다는) 신호를 보내고 있기 때문입니다. 즉, 부정적인 정서는 본질적으로 우리 자신을 안전하게 지키기 위한 기능을 합니다. 반면, 긍정적인 정서는 우리가 자기 자신, 인간관계, 삶에 대해서 만족하며 가치를 느끼게 하고, 중요한 목표를 추구하며 살아가게끔 만들어 줍니다. 소중한 관계에서 사랑을 주고받으면 유대감을 느끼게 되며, 자신이 좋아하고 원하는 것이 있으면 그것을 달성하고자 노력하게끔 동기를 부여해 줍니다. 다시 말해, 긍정적인 정서와 부정적인 정서 모두 우리의 삶에 필요한 것들입니다. 그런데 때로는 삶에서 마주하는 어떤 실패와 좌절, 상처로 인해 위축되어 부정적인 측면에 집중하게 되고, 부정적인 정서가 너무 강하고, 오래 지속된 나머지 긍정적인 정서를 무시하게 될 때가 있습니다. 게다가 자신을 자랑스럽게 여기기보다는 겸손을 미덕으로 여기는 한국의 문화적 특징으로 인해 긍정적인 정서는 그다지 중요하지 않은 것으로 생각되기도 합니다.

그러나 우리는 아주 어린 시절부터 긍정적인 정서를 통해 타인과 연결되고, 자신의 정체감을 발달시키고, 삶의 의미를 발견하며 성장했습니다. 행복이란 거창하고 짜릿한 경험에 국한된 것이 아닙니다. 일상의 크고 작은 즐거움과 가치를 알아차리고 느낄 수 있다면 그것이 바로 행복일 것입니다. 자신이 가진 문제와 삶의 부정적인 측면들을 바꾸어 나가는 것도 중요하지만, 자기와 삶에 대한 애정을 느끼며 살아갈 때 힘든 시기를 보다 잘 버틸 수 있습니다. 여러분이 만일 마음의 문제로 괴로운 시간을 보내고 있다면, 그래서 '긍정적인 정서에 신경 쓸 여유가 없다.'라는 생각을 가지고 있다면, 그것은 아마도 여러분이 그만큼 열심히 살아왔다는 증거일 것입니다. 긍정적인 정서를 느끼기 위해 무언가 또 다른 노력을 하는 것이 때로는 부담이 될 수도 있지만, 자신을 위한 선물을 주는 시간이라 여기며 당신의 마음에 관심을 기울여 보기를 권합니다. 여러분에게 이 책과의 동행이 회복과 번영의 기회가 되기 바랍니다.

2024년 9월

역자 일동

효과적인 치료에 대하여

다양한 장애와 질병을 앓고 있는 환자들이 직면하는 가장 어려운 문제 중 하나는 이용 가능한 최상의 도움을 찾는 것입니다. 겉으로 보기에 평판이 좋은 사람에게 치료를 받으려고 했지만 나중에 알고 보니 잘못된 진단을 받았거나, 권장받았던 치료법이 부적절하거나, 심지어 해로울 수도 있다는 것을 뒤늦게 알게 되는 경우가 있습니다. 대부분의 환자나 가족들은 증상에 대해 최대한 많은 자료를 읽고, 인터넷에서 정보를 찾거나, 친구나 지인에게 적극적으로 물어보는 방식으로 문제를 해결합니다. 정부와 보건 정책 담당자들도 도움이 필요한 사람들이 항상 최상의 치료를 받고 있는 것은 아님을 알고 있으며, 이를 보건 서비스의 다양성이라고 부릅니다.

이제 전 세계의 보건 시스템은 근거기반(evidence-based) 접근 방식을 도입하여 이러한 다양성을 수정하려고 시도하고 있습니다. 이는 환자가 특정 문제에 대해 가장 최근에 나온 효과적인 치료(treatment that works)를 받는 것이 모든 사람의 이익에 부합한다는 것을 의미합니다. 보건 의료 정책 담당자들은 의료 소비자에게 가능한 한 많은 정보를 제공하여 신체건강과 정신건강을 개선하기 위해 협력적인 노력으로 현명한 결정을 내릴 수 있도록 하는 것이 매우 유용하다는 것을 인식했습니다. 『효과적인 치료(Treatments That Work™)』시리즈는 바로 이러한 목표를 달성하기 위해 고안되었습니다. 『효과적인 치료』시리즈는 특정 문제에 대한 가장 최근에 나온, 가장 효과적인 개입만을 선정하여 사용자에게 친숙한 언어로 사용 지침을 제공합니다. 어떤 치료 프로그램이 이 시리즈에 포함되려면 과학자문위원회의 결정에 따라 가장 높은 수준의 근거 기준을 통과해야 합니다. 따라서 특정 문제로 고통받는 사람이나 가족이 이러한 개입을 잘 알고 있는 전문가를 찾아내서 그가 적절하다고 결정하면, 환자는 자신이 최상의 치료를 받고 있다는 확신을 갖게 될 것입니다. 물론 여러분에게 적합한 치료 방법은 여러분의 건강 관련 전문가만이 결정할 수 있습니다.

무쾌감증은 일상 활동에서 흥미나 기쁨을 잃어버린 상태를 말하며, 우울, 불안 및 기타 정신건강 문제에 흔히 나타나는 증상입니다. 긍정정서치료는 우울이나 불안을 겪는 사람들에게 일상적인 활동에서 흥미나 기쁨을 증가시키기 위해 특별히 만들어진 프로그램입니다. 이 프로그램은 세 가지 주요 활동 세트로 구성되었습니다.

첫 번째는 '기분이 나아지기 위한 활동'입니다. 이 세트는 기분이 좋지 않더라도 활동에 참여해 보고 긍정적인 순간을 만끽하기 위해 그 경험을 되새겨 보는 활동들이 포함되어 있습니다. 두 번째는 '긍정적인 것에 주의 기울이기'인데, 이 세트는 일상에서 벌어지는 여러 상황에서 긍정적인 측면들을 찾아보는 인지적 활동들로 구성되어 있습니다. 세 번째는 '긍정성 구축하기'이며, 이 세트는 이타적 기쁨, 감사, 자애, 관대함을 의도적으로 지향하고 실천하는 활동으로 구성됩니다. 각 구성요소들은 일상적인 활동에서 흥미와 즐거움을 높이기 위해 상호 보완적으로 사용됩니다. 각 장에서는 특정 기법이나 활동이 이 치료에서 사용되는 이유에 대한 설명이 제공됩니다. 긍정정서치료는 삶에서 즐거움을 찾는 데 어려움을 겪는 우울 또는 불안이 있는 사람들에게 필수적인 자원이 될 것입니다.

편집장 David H. Barlow
Treatments That Work™
Boston, Massachusetts

모듈 3 **치료 성과 및 재발 예방**

긍정정서치료:
우울과 불안에 대한 새로운 접근

워크북

긍정정서치료:
우울과 불안에 대한 새로운 접근

워크북

제1장

긍정적인 정서를
느끼기 어렵나요

1. 사례

 조이의 사례

조이(Joy)는 53세 변호사로, 결혼한 지 18년 된 남편과 10대 자녀 둘과 함께 살고 있습니다. 지난 5년 동안 그녀는 점점 더 우울해지고, 짜증나고, 지쳐 간다는 느낌이 들었습니다. 예전에는 사람들을 즐겁게 해 주는 게 좋았지만, 이제는 더 이상 친구들을 만나고 싶은 욕구를 느끼지 못합니다. 그녀는 계획을 취소하고 전화를 받지 않기 시작했습니다. 때로는 남편과 아이들과의 교류를 피하기도 합니다. 조이는 자신이 친구나 가족과 교류하고 싶은 욕구가 있으면 좋겠다는 생각은 하지만, 약속을 만들거나 친구를 만나 커피를 마시는 생각을 하면 압도되는 느낌이 듭니다. 조이는 아직 직장에서 어려움을 겪지는 않았지만 동일한 작업을 완료하기 위해 예전보다 더 많은 시간과 노력을 투자해야 한다는 느낌이 듭니다. 그녀는 새로운 고객을 만나거나 동료들과의 모임을 주최하는 일과 같은, 이전에는 즐겁고 자부심을 느꼈던 일들을 이제는 점점 다른 사람에게 위임하고 있음을 깨달았습니다. 남편과 아이들은 그녀가 퇴근한 후 침실로 도망가 버린다고 말합니다. 그녀는 음식을 요리하는 기쁨을 느끼는 대신 테이크아웃 주문을 선호합니다. 조이는 예전에 좋아했던 운동을 중단하면서 무기력이 더 심해졌습니다. 그녀는 자주 절망감을 느끼며 이렇게 의욕이 계속 떨어지면 직장을 잃을 수도 있겠다는 두려움을 느낍니다. 조이는 '노력하는 게 무슨 소용이 있지?' '아무것도 도움이 되지 않을 거야.'와 같은 생각을 종종 합니다. 그녀는 정신을 차리기 위해 하루에 3시간 이상 컴퓨터 앞에서 이런 저런 TV 프로그램을 시청하지만 기분이 더 나빠질 뿐입니다. 게다가 남편에게는 자신이 신체적인 문제가 있어서 이런 거라며 남편을 안심시키려고 하는데, 그로 인해 남편은 좌절하게 되고 둘은 말다툼을 하게 됩니다.

조이는 피로에 대해 다양한 의학적인 검사를 받았지만 아무런 이상이 없다고 합니다. 최근에는 주치의가 우울증 치료를 받아 보라고 권유했습니다. 얼마 후, 조이는 우울한 기분과 무기력으로 좌절감을 느꼈기 때문에 치료를 받아 보겠다고 동의했습니다. 그녀는 자신이 다시 활력과 행복을 경험할 수 있기를 희망합니다.

펠릭스의 사례

펠릭스(Felix)는 26세 무직자이고 논바이너리입니다. 그는 우울증 때문에 치료를 받고 있습니다. 펠릭스는 아주 오랫동안 우울증을 앓았고, 우울증은 수년 동안 그의 삶에 영향을 미쳐 왔습니다. 그 결과, 펠릭스는 에너지 부족과 우울한 기분으로 인해 고등학교와 대학교 수업을 자주 놓쳤습니다. 또한 그는 과거에 대한 생각을 통제할 수 없어서 수면에 어려움이 있었습니다. 이러한 여러 가지 이유로 인해 대학을 중퇴하게 되고 직장을 다니는 게 어려워졌습니다. 새로운 도시로 이사한 후 펠릭스는 경비원으로 일하게 되었습니다. 그러나 두 달 후, 그는 기분이 좋지 않아 결근하기 시작했고 결국 해고되었습니다. 펠릭스는 낮은 의욕과 '나는 일을 즐겁게 하지 못할 거야.'와 같은 부정적인 생각 때문에 일자리를 찾는 데 어려움을 겪었습니다. 펠릭스에게는 친한 친구가 한 명 있어서 종종 친구와 전화 통화를 하곤 했었지만, 친구에게 할 만한 흥미로운 이야기가 별로 없다고 느껴져 이마저도 그만두었습니다. 그는 가끔 어머니와 ZOOM으로 통화를 합니다. 그는 새로운 친구를 사귀고 싶지만 아무도 자신을 만나거나 함께 시간을 보내고 싶어 하지 않을 것이라고 생각합니다. 그는 '내가 너무 우울하니까 아무도 나와 시간을 보내고 싶어 하지 않을 거고, 뭘 하든 난 재미를 못 느낄 거야.'와 같은 생각을 합니다.

또한 펠릭스는 자신을 갇히게 만드는 반복적인 생각을 하면서 즐거운 활동에 참여할 수 없습니다. 펠릭스는 예전에 영화 감상, 정원 가꾸기, 요리를 즐기곤 했었지만, 이제 다시 시작할 수 없을 것 같습니다. 대신 그는 아파트에 머물며 몇 시간 동안 비디오 게임을 합니다. 그는 식료품 가게에 가거나 다른 필수적인 용건을 처리하는 것이 점점 어렵게 느껴지고 동네를 산책하는 것조차 힘겹게 느껴집니다. 펠릭스는 어떤 활동도 즐기지 못할 것 같은 기분을 계속해서 느낍니다. 그는 새로운 사람들을 다시 만나고 일자리를 찾는 것에 대해 설레는 마음을 느끼고 싶어 합니다. 하지만 그에게는 문제가 너무 크게 느껴져서 어디서부터 해결해야 할지 모르겠습니다.

조이와 펠릭스가 이 치료의 여정을 당신과 함께할 것입니다.

2. 무쾌감증이 무엇일까요

불안, 우울, 또는 스트레스를 겪는 사람들은 종종 다양한 부정적인 정서(예: 분노, 짜증, 좌절, 슬픔, 두려움 또는 공황)을 경험합니다. 그들은 또한 과민함, 집중력 저하, 또는 실제 위험 요소가 없는 경우에도 자신을 보호하려는 충동과 같은 특정한 신체적 감각을 느낄 수 있습니다.

> **무쾌감증** = 긍정적인 정서 수준이 지속적으로 낮은 것

부정적인 정서를 많이 경험하는 사람들은 일반적으로 보람 있거나 긍정적으로 여겨지는 상황에서도 긍정적인 정서의 수준이 지속적으로 낮은 경우가 많습니다. **긍정적인 정서가 지속적으로 낮은 수준일 때 이것을 무쾌감증(anhedonia)이라고 합니다.** 이 워크북에서는 이 용어를 사용할 것입니다. 예를 들어, 무쾌감증(또는 낮은 긍정성[1])이 있는 사람은 긍정적인 사건을 기대하고, 긍정적인 사건이 있을 때 기분이 좋고, 자신을 더 긍정적으로 느끼는 방법을 아는 것이 어려울 수 있습니다. 이는 마치 긍정적인 정서를 조절하는 기분 시스템이 잘 작동하지 않는 것과 같습니다.

정서를 조절하는 두 가지 기분 시스템이 있는데, 하나는 긍정적인 기분 시스템이고 다른 하나는 부정적인 기분 시스템입니다. 긍정적인 기분 시스템은 때때로 보상 또는 욕구 시스템이라고도 합니다.

1 긍정적인 기분 시스템은 흥분, 기쁨, 사랑, 행복 및 만족과 같은 긍정적인 정서를 담당합니다. 이것은 우리가 목표를 달성하고 보상을 찾도록 합니다.

2 또한 이것은 우리가 친구들과 어울리고 웃을 때, 칭찬을 받아들일 때, 중요한 일을 완수하기 위해 열심히 일할 때 우리를 안내하는 시스템이기도 합니다. 이 긍정적인

---

1) 역자 주: 긍정성이란, 평소에 자신의 삶과 여러 경험을 긍정적인 관점으로 바라보며 긍정정서를 더 강하고 오래 경험하는 경향을 말합니다.

시스템은 우리가 노력을 기울이고, 동기를 가지고, 흥미를 느끼고, 긍정적인 결과를 상상할 수 있도록 우리에게 활력을 불어넣습니다. 그것은 우리의 관심을 끌고 목표가 달성되었을 때 우리에게 자부심을 줍니다. 그래서 이것을 욕구 시스템이라고도 합니다.

무쾌감증은 이 시스템에 문제가 생겼을 때 나타납니다.

긍정적 기분 시스템에는 (1) 원함(wanting), (2) 좋아함(liking), (3) 학습(learning)이라는 세 가지 구성요소가 있습니다. 긍정적인 결과를 얻고자 하는 기대 또는 동기(이것을 '**원함**' 요소라고 함)는 미래의 긍정적인 경험에 참여하기 위해 우리가 관심을 갖게 하고, 그 결과를 상상하게 하고, 노력을 기울이도록 유도합니다(예: 친구와 즐거운 시간을 보내길 기대하고, 적절한 장소를 찾기 위해 노력하는 것과 같이). 보상을 음미하는 것(이것은 '**좋아함**' 요소라고 함)은 특정한 순간에 우리의 마음이 그것을 즐기도록 유도합니다(예: 친구들과 즐거운 시간을 보낼 때 기분이 좋아지고, 이후에도 그 순간을 회상할 때 기분이 좋아지는 것처럼). 이것은 또한 긍정적인 면을 알아차리고 그 가치를 인식하는 데 도움이 됩니다. 긍정적인 결과를 얻는 방법을 '**학습**'하는 것은 우리가 미래에도 긍정적인 정서를 계속 느낄 수 있게 도와줍니다(예: 우리가 친구들에게 연락하면 친구들이 긍정적으로 반응할 가능성이 높다는 것을 배우는 것과 같음). 이 워크북에 설명된 치료는 긍정적인 경험에 대한 '원함' '좋아함' 그리고 '학습'의 세 가지 요소를 모두 다룹니다!

두 번째 시스템인 부정적인 기분 시스템도 우리의 안녕에 핵심적인 것입니다. 이것은 우리가 처벌과 위협을 피하도록 해 줍니다. 그래서 우리가 비판을 받거나, 직접적인 위협을 받거나, 무서운 뉴스를 듣는 것과 같이 힘든 상황에 직면할 때 부정적인 기분 시스템이 활성화됩니다. 그런 다음, 위험에 대응하기 위해 신체에 연료를 공급하여 위험을 경계하고 주의를 기울이게 함으로써 도전에 직면할 수 있도록 우리를 준비시키고, 싸우고, 도망치고, 얼어붙을 준비를 합니다(때로는 아무것도 하지 않음으로써 자신을 보호하기도 합니다). 그렇기 때문에 이것을 방어 시스템이라고도 합니다. 이것은 두려움, 공황, 괴로움, 불안, 분노, 슬픔과 같은 부정적인 정서를 일으킵니다.

부정적인 기분 시스템과 긍정적인 기분 시스템은 우리의 생존에 필수적인 것입니다. 하나는 위험으로부터 우리 자신을 보호하기 위해 필요하고, 다른 하나는 우리가 목표를 달성하고 만족감과 행복을 느끼기 위해 필요합니다. 그리고 우리는 삶에서 어떤 일이 일어나는 지에 따라 이 두 가지 시스템 사이에서 지속적으로 균형을 맞추고 있습니다. 스스로를 보호하고 방어적인 태도를 취해야 할 때인지, 아니면 손을 뻗어 탐색하고 즐거움을 찾아야 할 때인지에 따라서 말입니다.

긍정적인 기분 시스템과 부정적인 기분 시스템은 서로 연결되어 있지만, 그와 동시에 두 시스템은 독립적이기도 합니다. 따라서 예상치 못한 선물을 받고 나서 선물이 과분하다는 느낌 없이 기쁨을 느끼는 것처럼, 부정적인 정서를 느끼지 않으면서도 긍정적인 정서를 느낄 수 있습니다. 또한 사랑하는 사람을 잃었을 때 느끼는 슬픔처럼, 긍정적인 정서 없이 부정적인 정서를 강하게 느낄 수도 있습니다. 그리고 행사에서 상을 받는다는 설렘과 흥분을 느끼면서도 수상 소감을 말하는 것에 대한 두려움과 불안을 함께 느낄 수 있고, 거품 목욕을 상상하면서 즐거움과 죄책감을 동시에 경험할 수도 있습니다.

3. 무쾌감증은 어떤 결과로 이어질까요

때때로 우리 모두는 행복, 숙달감, 흥미 또는 자부심과 같은 긍정적인 정서를 느끼는 데 어려움을 겪습니다. 하지만 연구에 따르면 긍정적인 기분이 지속적으로 낮은 수준이면 정신건강에 해롭다고 합니다. 긍정적인 기분 시스템의 추진력이 부족하면 생산성과 사회적 관계를 유지하는 데 어려움을 겪게 됩니다. 이전에 보람을 느꼈거나 긍정적인 정서를 느꼈던 활동을 즐기지 못하면 추진력과 동기가 더욱 떨어집니다. 무쾌감증이 있는 사람들은 목적 상실과 절망감을 경험할 수 있습니다. 때로는 스스로 목숨을 끊고 싶은 욕망이 커지기도 합니다.

앞서 언급했듯이 무쾌감증이 있는 사람은 긍정적인 기분 시스템의 세 가지 요소인 긍정적인 경험을 원하고, 좋아하고, 배우는 데 어려움을 겪을 수 있습니다.

1) 원하기 어려움

무쾌감증은 긍정적인 결과나 보상을 얻고자 하는 **관심이 적고, 동기가 낮으며, 노력이 저조한** 것과 관련이 있다는 연구 결과들이 많이 있습니다. 예를 들어, 음식, 신체적 편안함, 사회적 칭찬, 정서적인 유대감, 인생에서 가치 있는 것을 성취하는 것에 대한 관심과 노력이 감소합니다. 이는 일상에서 저녁 식사를 준비하거나, 사교 모임을 위해 준비하고 자신을 단정하게 꾸미거나, 직장에서 승진하기 위해 노력하는 데 어려움을 겪는다는 것을 의미하는 것일 수 있습니다. 그 결과, 무쾌감증이 있는 사람은 우리의 기분과 행복에 필수적인 보상을 얻을 수 있는 많은 기회를 놓치게 됩니다. 우리는 삶에서 중요한 일을 하도록 동기를 갖기 위해 보람을 느껴야 하며, 그러한 정서가 없으면 무언가를 계속할 의욕이 줄어들게 됩니다. 동기가 적다는 것은 **긍정적인 미래 사건을 상상하는 데 어려움을 더 많이 겪는 것**과 직접적인 관련이 있습니다. 만일 우리가 무엇이 긍정적인 정서나 긍정적인 결과로 이어지는지 모른다면 그런 일이 일어날 것이라고 상상하기 어렵습니다.

2) 좋아하기 어려움

무쾌감증은 우리의 주의력에 영향을 미치고 우리가 알아차리는 것을 제한합니다. 예를 들어, 무쾌감증이 있는 사람은 일상생활에서 **긍정적인 것을 알아차리는 데 어려움**을 겪을 수 있습니다. 여기에는 스트레스가 많은 사건이 포함됩니다. 물론, 스트레스 사건은 일반적으로 우리 모두를 더 부정적이고, 불안하고, 걱정하게 만들지만(이는 우리의 부정적인 방어 체계가 작용하는 것입니다.), 긍정적인 것을 찾는 것이 스트레스 요인으로부터 회복하는 데 큰 도움이 됩니다. 예를 들어, 비가 올 때 신선한 공기와 땅의 냄새를 알아차리는 것입니다. 우리는 가장 힘든 상황에서도 긍정적인 면을 찾을 수 있을 때 스트레스에서 더 빨리 회복됩니다. 하지만 무쾌감증은 긍정적인 면을 알아차리고, 긍정적인 것을 감상하고, 긍정적인 정서를 느끼기 어렵게 만들기 때문에 스트레스에서 회복하기가 어렵게 됩니다. 무쾌감증이 있는 사람은 긍정적인(또는 중립적인) 상황에서 부정적인 것에만 집중할 수 있습니다. 예를 들어, 무쾌감증이 있는 사람은 음식 바자회에서 쿠키가 다 소진된 것을 성공이 아닌 실패의 신호로 생각할 수 있습니다. 긍정적, 중립적, 부정적 상황에서 긍정적인 면을 지속적으로 파악하지 못한다면, 그러한 상황에 계속 참여하려는 동기가 약해질 것입니다. 따라서 무쾌감증을 겪는 사람들은 긍정적인 것을 알아차리더라도 그것을 가치 있게 여기고 긍정적인 정서를 느끼는 것이 어려울 수 있습니다. 예를 들어, 예전에는 아이들과의 공놀이를 즐겨 했으나 이제는 더 이상 재미있지 않고, 낚시를 하러 가는 것이 편안하지 않으며, 공예품을 만드는 것이 더 이상 즐겁지 않게 됩니다. **긍정적인 것을 가치 있게 여기고 긍정적인 정서를 느끼기 어려운 것**도 무쾌감증의 증상입니다.

3) 배우기 어려움

무쾌감증은 또한 애초에 보상을 경험하려는 욕구가 낮아져서 **무엇이 긍정적인 결과로 이어질 수 있는지를 배우는 데 어려움**을 겪게 합니다. 예를 들어, 무쾌감증이 있는 사람은 다른 사람들과의 연결감과 지지를 느끼기 위해 사회적 상황에서 무엇을 말해야 할지, 어떻게 행동해야 할지 모를 수 있습니다. 또한 무쾌감증이 있는 사람은 동료에게 미소를 짓는 것이 직장에서 더 나은 관계를 맺고 승진하는 데 도움이 될 수 있다는 사실을 깨닫지 못할 수 있습니다.

종합해 보면, 무쾌감증(또는 지속적으로 낮은 긍정적 정서)은 긍정적인 결과나 보상을 얻기 위해 상상하고 노력하는 것(원함), 긍정적인 일이 발생했을 때 그것을 알아차리고 즐기는 것(좋아함), 어떤 행동과 긍정적인 결과의 연관성을 배우는 것(학습)에서의 어려움과 관련이 있습니다. 이 장의 앞부분에서 소개한 사례에서, 조이는 과거에 운동을 좋아했지만 지금은 운동하면 즐거워질 거라고 상상할 수 없기 때문에 운동을 중단했을지 모르고, 조이가 운동을 해 보려고 했지만 실제로 즐겁지 않았을 수도 있습니다. 그 결과, 조이는 운동을 다시 시도할 가치가 없다고 판단했습니다.

무쾌감증은 긍정적인 정서를 느끼는 데 필요한 신경계의 활성화를 저하시킵니다. 또한 보상의 중요성을 이해하는 뇌 부위의 활성화가 줄어들어서 **긍정적인 기분이 낮아집니다.** 앞서 설명한 어려움 외에도, 연구에 따르면 무쾌감증은 계획 세우기, 의사 결정하기, 기억력 및 집중력과 같은 실행 기능을 손상시킬 수 있다고 합니다. 즉, 무쾌감증이 있는 사람은 보람 있는 활동을 하려는 동기가 부족할 뿐만 아니라, 보람 있는 활동을 실행하는 데 필요한 단계를 기억하거나, 계획하거나 각 단계에 집중하는 데 어려움을 겪을 수 있습니다.

예를 들어, 조이는 가족을 위해서 저녁을 준비하기 위해 음식을 사러 가게에 가는 것에 대해 동기가 없다고 느낄 뿐만 아니라, 어떤 음식을 사야 할지, 음식을 사러 어느 가게에 가야 할지 결정하는 것에서 어려움을 겪고 있을지도 모릅니다. 또는 조이가 가게에 갔을 때 아무런 흥미가 느껴지지 않기 때문에 계획한 대로 음식을 사는 것조차 어려울 수 있습니다.

> 무쾌감증은 보상을 **원하고**(동기, 노력, 상상, 관심), **좋아하고**(긍정적인 것을 알아차리고, 즐기고, 긍정적인 감정을 느끼는 것), **학습하는 것**(긍정적인 결과를 얻을 수 있는 방법을 이해하는 것)에 영향을 미칩니다.

[그림 1-1]은 이 장에 제시된 핵심 용어를 요약한 것입니다. 여기에는 원하고, 좋아하고, 학습하는 것의 핵심 결핍을 나타내는 기호가 포함되어 있습니다. 이러한 기호들은 이 워크북 전체에 사용되므로 어떤 보상 결핍이 치료의 표적인지를 파악할 수 있습니다.

다음 영역에서의 결함	보상 시스템	
• 긍정적 활동을 하고자 동기를 갖는 것 • 긍정적 활동에 노력을 기울이는 것 • 긍정적인 결과들을 상상하는 것 • 긍정적인 것에 관심을 갖는 것	• 보상 동기 • 보상 기대	원함(wanting)
• 긍정적인 것을 알아차리는 것 • 긍정적인 것을 즐기는 것 • 긍정정서를 느끼는 것	• 보상 획득	좋아함(liking)
• 보상으로 이어지는 것을 학습하는 것 • 보상을 얻기 위한 방법을 학습하는 것	• 보상 학습	학습(learning)

❘ 그림 1-1 ❘ 보상 시스템 및 무쾌감증 관련 결함의 각 부분

(클립아트 출처: Microsoft PowerPoint)

[그림 1-1]의 기호를 설명하기 위해 '친구와 저녁 식사하기'라는 예시를 들어 보겠습니다. 친구와 외출하기를 '원하는' 사람은 친구와 함께 저녁을 먹으면 즐거운 저녁 시간이라는 보상으로 이어질 것이라 상상합니다. 그는 친구와의 저녁 식사를 '좋아하고' 음식과 친구와의 동행을 즐길 것입니다. 기쁨, 유대감, 즐거움의 정서도 알아차릴 것입니다. 또한 그는 친구와의 만남을 상상하는 것, 저녁 식사를 계획하는 것, 친구를 만나는 것이 긍정적인 정서를 느끼는 것과 연결되어 있음을 '학습'할 것입니다. 이러한 연결성을 학습하는 것은 향후에 또 다른 만남으로 이어질 것입니다.

무쾌감증이 있는 사람들이 반드시 세 가지 요소 모두에서 결핍을 경험하는 것은 아닙니다. 어떤 사람은 '원함' 영역에서만 어려움을 겪을 수도 있습니다. 예를 들어, 조이는 친구와의 전화 통화를 부담스러운 것이라고 생각할 수 있지만, 막상 전화 통화를 마치고 난 뒤에는 즐거움을 느낄 수 있습니다. 만약 그렇다면, 조이는 먼저 '원함'을 표적으로 하는 기술에 집중하고 싶을 것입니다.

이 치료에서 각 요소를 다루는 방법을 확인하려면 기호를 찾아보면 됩니다. 제2장에서는 이 치료에서 배우게 될 여러 기술과 보상 요소에 대한 개요를 제시합니다.

4. 무쾌감증 치료에 대해 연구 결과에서 밝혀진 것은 무엇일까요

현재까지 불안과 우울에 대한 심리치료 및 약물치료는 무쾌감증에 대해 효과가 제한적이었습니다. 기존 치료법들은 부정적인 정서를 줄이는 데는 성공적이었으나, 무쾌감증이 있는 대부분의 사람은 치료가 끝날 때도 긍정적인 활동에 대한 관심이나 즐거움이 부족하다고 계속 보고합니다. 이러한 현상은 대부분의 기존 치료가 긍정적인 정서를 개선하는 데 초점을 맞추지 않고 부정적인 정서를 줄이는 데 초점을 맞추기 때문에 발생할 수 있습니다. 이는 긍정성을 개선하기 위한 지침이 부족하기 때문입니다.

행동과학 및 생물학의 발전으로 무쾌감증과 관련된 특정한 과정이 밝혀졌습니다. 우리는 **긍정정서치료**(Positive Affect Treatment: PAT)라는 새로운 심리치료법을 개발했는데(**정서**란 정서 또는 느낌의 또 다른 용어입니다.), 이 치료는 특히 원함, 좋아함, 보상 학습과 관련된 문제를 다룹니다.

정서장애에 대한 많은 근거기반치료법[2]과 마찬가지로 긍정정서치료는 인지행동 접근 방식을 취합니다. 이 접근 방식에서 사람들은 자신의 행동과 생각(즉, 인지)을 개선하여 자신의 정서를 변화시킵니다. 이 접근법은 **당신이 하는 행동과 생각이 당신의 정서에 직접적인 영향을 미친다**는 이론과 과학적인 근거를 기반으로 합니다. 연구 결과에 의하면 인지 기반 치료법은 불안장애, 우울장애, 섭식장애, 정신병, 만성 통증, 약물 남용 및 수면을 포함한 다양한 정신건강 문제를 효과적으로 치료합니다. 이제 무쾌감증을 앞의 목록에 추가할 수 있습니다!

이 워크북에 포함된 기술은 근거에 기반한 것으로, 무작위 대조 시험에서 테스트되었으며 불안, 스트레스 또는 우울증을 겪고 무쾌감증을 경험하는 사람의 긍정적인 정서를 향상시킨다는 것이 입증되었습니다. 가장 최근의 연구에서 우리는 이 워크북에 포함된 치료 기술이 부정적인 정서를 줄이는 데 중점을 둔 치료보다 긍정적인 정서를 증가시키는 데 더 성공적이라는 것을 발견했습니다. 특히 검증된 긍정성 척도를 사용한 결과, 긍정정서치료를 받은 대부분의 참가자의 긍정적인 정서가 정상 범위에 도달했습니다. 그리고 긍정정서치료는 다른 치료법에 비해 우울, 불안, 스트레스 증상을 감소시키는 데 성공적인 것으로 나타났습니다. 또한 전통적인 인지행동치료보다 자살 충동을 더 많이 감소시켰습니다.[3]

5. 무쾌감증은 어떤 심리 질환과 관련이 있을까요

무쾌감증은 일반적으로 여러 정신 질환에서 나타납니다. 예를 들어, 우리 연구에서 무쾌감증을 겪는 대부분의 사람이 불안 또는 우울장애에 대한 진단 기준도 충족했습니다. 범불안장애(Generalized Anxiety Disorder: GAD), 사회불안장애(Social Anxiety Disorder), 공황장

---

2) 역자 주: 근거기반치료란, 특정 심리장애 치료에 효과가 있음이 과학적으로 입증된 치료 방법을 의미합니다.
3) Craske, M. G., Meuret, A. E., Ritz, T., Rosenfield, D., Treanor, M., & Dour, H. (2019). Positive Affect Treatment for Depression and Anxiety: A randomized clinical trial for a core feature of anhedonia. *Journal of Consulting and Clinical Psychology, 87*, 457-471.

애(Panic Disorder), 강박장애(Obsessive-Compulsive Disorder: OCD), 외상 후 스트레스장애(Post-Traumatic Stress Disorder: PTSD) 등의 불안장애를 예로 들 수 있습니다. 주요우울장애는 낮은 긍정정서를 특징으로 하는 또 다른 장애입니다.

1) 범불안장애

범불안장애를 겪는 사람들은 다양한 주제(예: 자신의 건강, 가족의 건강, 경제적 문제, 시간을 지키는 것, 미래의 성공)에 대해 걱정합니다. 일반적으로 이러한 걱정은 현실보다 더 치중되어 있고, 미래 지향적이며, 일이 잘 진행되고 있어도 걱정하곤 합니다. 범불안장애를 겪는 사람들은 대부분의 시간을 걱정으로 보내고, 걱정을 멈추고 통제하는 데 어려움을 겪습니다. 범불안장애를 겪는 사람들은 걱정을 줄이기 위해 사랑하는 사람을 자주 확인하고, 일을 미루며, 인터넷 검색을 과도하게 많이 하는 경향이 있습니다.

2) 사회불안장애

사회불안장애를 겪는 사람들은 다른 사람들이 자신을 관찰하거나, 판단하거나 또는 평가할 수도 있는 사회적인 상황에 대해서 불안을 경험합니다. 이러한 불안을 줄이거나 피하기 위해 파티, 회의, 취업 면접, 대중 연설, 데이트와 같은 사교 모임이나 행사를 멀리할 수 있습니다. 이러한 회피는 단기적으로는 불안을 감소시키지만, 장기적으로는 사회불안을 계속 유지시킵니다.

3) 공황장애

공황장애가 있는 사람은 공황 발작(panic attack)을 경험합니다. 공황 발작은 신체적 감각(예: 발한, 가슴 두근거림, 현기증, 숨가쁨, 현기증, 떨림, 숨이 막히는 느낌, 가슴 통증, 무감각, 메스꺼움, 오한, 안면 홍조)을 동반하는 강렬한 공포가 갑작스럽게 치밀어 오르는 경험을 합니다. 공황장애가 있는 사람은 신체적 감각이 극도로 고통스럽다고 생각하므로 공황 발작을 일으킬 수 있는 모든 것을 피합니다. 공황장애가 있는 사람들은 카페인 음료 마시기, 붐비

는 장소에 가기, 대중교통 이용하기, 운동하기, 넓은 공간에 머무르기와 같은 활동을 피할
수 있습니다.

4) 강박장애

강박장애가 있는 사람들은 종종 고통스러운 침투적인 생각(즉, 강박관념)을 가지고 있습
니다(예: 폭력적인 이미지, 특정 숫자에 의미가 있다고 믿음). 침투적인 생각과 관련된 고통을
줄이기 위해 일상 기능에 지장을 주고 시간이 많이 걸릴 수 있는 행동(즉, 강박행동)을 자주
합니다(예: 이미지가 사라질 때까지 한 구절을 반복해서 말하기, 선반에서 다섯 번째 순서에 놓인
물건만 선택하기). 강박행동의 예시로는 손을 자주 씻는 것, 잠금장치를 반복해서 확인하는
것, 과도하게 정리하는 것 등이 있습니다.

5) 외상 후 스트레스장애

충격적인 사건을 경험한 사람 중에서 일부는 외상 후 스트레스장애를 겪습니다. 충격적
인 사건의 예로는 폭행, 전쟁, 심각한 교통사고, 학대 등이 있습니다. 외상 후 스트레스장애
의 증상으로는 충격적인 사건에 대한 고통스럽고 침투적인 기억, 악몽, 플래시백, 과잉경
계, 생리적 각성 증가 등이 있습니다. 또한 외상 후 스트레스장애가 있는 사람들은 트라우
마를 상기시키는 사람, 장소, 활동을 피하고 항상 출입구 근처에 앉는 것과 같은 안전 행동
을 하기도 합니다.

6) 우울장애(주요우울장애, 지속성우울장애)

우울장애가 있는 사람들은 종종 우울하거나 슬프고, 한때 즐겼던 활동에 대한 흥미나 즐
거움을 잃은 상태입니다. 이들은 활력 저하, 절망감, 식욕 변화, 잠을 너무 많이 자거나 너
무 적게 자고, 자신이 가치가 없다는 생각과 짜증을 종종 경험합니다. 우울증을 겪는 사람
들이 어떠한 활동에 참여하는 것은 어려운 일이며, 그 결과 사회적으로 고립되고, 침대에서
시간을 보내며, 계획을 취소하게 됩니다.

7) 기타 장애

약물사용장애, 정신병적 장애(예: 조현병), 양극성 장애도 일반적으로 무쾌감증과 관련이 있습니다. 사람들은 또한 정신장애의 진단 기준을 충족하지 않고도 무쾌감증을 경험할 수 있습니다.

제**2**장

이 치료가 당신에게
어떻게 도움이 될까요

1. 이 치료가 당신에게 적합할까요

많은 심리치료 방법이 존재하기 때문에 어떤 치료법이 적합한지 알기 어려울 수 있습니다. 각 치료법에는 표적으로 삼는 특정한 증상과 제공 가능한 기술이 존재합니다. 긍정정서치료는 우울한 기분에 초점을 두는 다양한 기술을 제공합니다. 이 치료가 당신에게 적합한지 판단하기 위해 활동 2-1 치료 적합성 평가의 질문에 답하는 것이 도움이 될 것입니다.

여기 대부분의 질문에 "네"라고 답했다면 이 치료법이 도움이 될 수 있습니다. 긍정정서치료는 자부심, 흥분, 기쁨, 호기심, 즐거움, 만족감 같은 긍정적인 정서의 빈도, 다양성 및 강도를 높이도록 특별히 설계되었습니다.

이 치료법이 당신에게 적합한지 파악하는 것 외에도, 이 치료법이 지금 현재 당신에게 적합한지 확인해 보는 것도 중요합니다. 활동 2-2 치료 시기 평가에 응답해 보면 당신이 이 프로그램을 시작할 준비가 되었는지 여부를 결정하는 데 도움이 될 수 있습니다.

활동 2-1　치료 적합성 평가

질문	네	원함	좋아함	학습	실천할 활동
사랑, 기쁨, 호기심, 자부심, 흥분과 같은 긍정적인 정서를 느끼기 어렵습니까?	☐		●		정서에 이름 붙이기
일상에서 긍정적인 것을 알아차리는 것이 어렵습니까?	☐		●	●	긍정적인 면 찾기
긍정적인 것을 무시하는 경향이 있습니까?	☐		●	●	감사
주변 사람들로부터 당신이 스스로를 충분히 인정해 주지 않는다는 말을 듣습니까?	☐		●	●	주인의식 갖기
좋은 일이 있을 때 자신에게 공을 돌리기보다는 운이 좋아서 생긴 일이라고 생각합니까?	☐		●	●	주인의식 갖기
미래에 대해서 긍정적인 결과보다는 부정적인 결과를 더 많이 상상합니까?	☐	●		●	긍정적인 상상하기
유쾌한 활동이나 즐길 만한 활동을 중단하였습니까?	☐	●	●	●	기분이 나아지기 위한 활동
당신이 한때 즐겼거나, 즐겨야 한다고 생각했던 활동에서 즐거움을 찾기 어렵다고 느끼십니까?	☐		●	●	향유하기/ 관대함
당신이 한때 즐겼던 활동이나 성취감을 느끼게 했던 일에 대해 동기나 기대감을 갖는 데 어려움을 겪고 있습니까?	☐	●			긍정적인 활동 설계하기
다른 사람들과의 관계에서 공감, 사랑, 또는 자비와 같은 정서와 유대감을 느끼기 어렵습니까?	☐		●	●	이타적 기쁨/ 자애

활동 2-2	치료 시기 평가	네	아니요
나는 거의 매일(최소한 주당 3회) 집에서 과제 완료에 전념할 수 있다.		☐	☐
이 치료에 참여하는 데 방해될 수 있는 다른 치료를 받고 있지 않다.		☐	☐
이 치료보다 우선시되는 다른 증상(예: 자살 충동, 정신증, 조증, 약물 남용)이 나타나지 않는다.		☐	☐

각 질문에 "네"라고 답했다면 긍정정서치료를 시작할 준비가 된 것입니다! 이 워크북이 당신에게 치료의 각 단계들을 차례차례 안내할 것입니다. 다음 사항에 주목하세요. 만일 당신이 현재 우선적으로 고려해야 할 다른 증상이나 상태(예: 자살 충동, 정신증, 조증, 약물 남용)가 강해지고 있다면 면허가 있는 의료진에게 치료를 받는 것이 중요합니다. 적절한 의료진을 찾으려면 주치의와 약속을 잡아 이러한 증상에 대해 문의하고 진료를 의뢰하는 것이 필요합니다. **자해하고 싶은 생각이 많이 든다면 119에 전화하거나 가까운 응급실을 방문하여 즉각적인 치료를 받아야 합니다.**

2. 치료의 구조

긍정정서치료는 긍정적인 정서의 수, 빈도, 강도를 증가시키기 위해 개발되었습니다. 이 치료에서 제공될 모든 도구는 이를 위해 설계되고 입증된 것입니다. [그림 2-1]은 이 워크북의 각 부와 각 장에서 다룰 긍정적인 기분 시스템의 기술과 목표에 대한 개요입니다.

지금부터는 치료의 각 모듈과 긍정적인 기분을 개선하기 위해 이러한 모듈을 선택한 이유에 대해 간략하게 설명합니다. 이 워크북의 각 장에서 더 자세한 정보를 확인할 수 있습니다.

3. 치료 모듈별 내용

[그림 2-1]에 이 치료의 각 모듈이 소개되어 있습니다. 제5~7장에서 다루는 치료 기술 세트는 당신이 보다 긍정적인 정서를 경험할 수 있도록 최소 한 가지의 보상 시스템에 초점을 둡니다.

모듈	장	주제 또는 기술	보상 시스템		
모듈 1 심리교육	제1~4장	무쾌감증에 대한 심리교육			
		치료 개관			
		기분 사이클, 정서에 이름 붙이기	좋아함	○	
모듈 2 치료 기술 세트	제5장 기분이 나아지기 위한 활동	일상 활동 및 기분 모니터링	학습		○
		긍정적 활동 설계하기	원함	○	
		긍정적 활동 실천하기	좋아함/학습	○	○
		순간을 향유하기	좋아함/학습	○	○
	제6장 긍정적인 것에 주의 기울이기	긍정적인 면 찾기	좋아함/학습	○	○
		주인의식 갖기	좋아함/학습	○	○
		긍정적인 상상하기	원함/학습	○	○
	제7장 긍정성 구축하기	자애 실천하기	좋아함/학습	○	○
		감사 실천하기	좋아함/학습	○	○
		관대함 실천하기	좋아함/학습	○	○
		이타적 기쁨 실천하기	좋아함/학습	○	○
모듈 3 치료 성과 및 재발 예방	제8장 치료 이후 여정 지속하기	복습 / 진전 평가			
		재발 예방			

| 그림 2-1 | 모듈 및 각 장의 기술 개관

(클립아트 출처: Microsoft PowerPoint)

1) 모듈 1. 심리교육

☑ 제1장 긍정적인 정서를 느끼기 어렵나요

제1장에서는 무쾌감증이 무엇인지에 대한 교육을 제공합니다. 요약하자면, 무쾌감증은 긍정적인 기분을 적게 경험하는 상태를 나타낼 때 사용되는 용어입니다. 즉, (1) 예전에 즐기던 활동에 관심을 갖는 데 어려움이 있거나, (2) 긍정적인 활동을 하려는 동기를 가지거나 노력을 기울이는 데 어려움이 있거나, (3) 미래의 사건을 더 긍정적으로 상상하는 것(원함)이 어렵다는 것을 말합니다. 무쾌감증은 또한 긍정적인 것을 알아차리거나 그것을 인정하고 가치를 인식하는 데 어려움을 겪거나, 긍정적인 정서를 느끼는 것(좋아함)에서 어려움을 겪는 경우에도 해당됩니다. 결과적으로, 무쾌감증이 있는 사람들은 무엇이 보상으로 이어지는지, 그리고 보상을 어떻게 얻을 수 있는지를 배우기(학습)가 어렵기 때문에 일상에서 긍정적이거나 즐거운 활동을 적게 하는 경향이 있습니다. 이러한 이유로 긍정적인 정서를 느끼는 데 어려움을 겪는 것입니다. 따라서 각 치료 기술 세트는 이러한 문제들 중에서 하나 이상에 초점을 맞추도록 설계되었습니다.

☑ 제2장 이 치료가 당신에게 어떻게 도움이 될까요

제2장은 이 치료가 앞으로 당신에게 어떻게 작용하는지 설명합니다.

☑ 제3장 시작합시다!

제3장에서는 이 워크북의 활동지를 사용하는 방법, 치료 회기 사이에 해야 할 일, 치료 일정, 증상 추적과 같이 이 치료를 최대한 활용하는 방법을 소개합니다.

☑ 제4장 정서, 생각, 행동의 3요소

제4장에서는 부정적인 기분과 비교하여 긍정적인 기분이 무엇인지에 대한 추가 교육을 제공합니다. 기본 기술인 **기분 사이클**과 **정서에 이름 붙이기**의 중요성에 대해 배우게 됩니다. **정서에 이름 붙이기**는 당신이 알아차리고 느끼는 것(좋아함)을 말로 표현하는 능력을 강화하는 데 도움이 될 것입니다. 약간의 연습을 마치고 나면 이 치료의 세 가지 치료 기술 세트를

자세히 알아볼 것입니다. 각 치료 기술 세트는 긍정적인 정서 경험을 향상시키기 위해 일련의 행동 및 사고 기술을 제공합니다.

2) 모듈 2. 치료 기술 세트

☑ 제5장 기분이 나아지기 위한 활동

첫 번째 치료 기술 세트에서 기분이 나아지는 데 도움이 되는 활동을 시작하게 될 것입니다. 곧 알게 되겠지만, 당신이 어떤 **행동**을 하는지가 당신의 **기분**에 직접적인 영향을 미치며, **기분이 나아지기 위한 행동**을 하는 것이 당신의 기분을 개선하는 효과적이고 확실한 방법이 될 것입니다. 이 모듈은 삶에서 긍정적인 활동을 구축하는 데(원함) 도움이 될 뿐만 아니라, 이러한 활동을 최대한 활용하는 방법(학습)도 알려 줍니다. 당신의 삶에 더 많은 긍정적인 활동을 통합하기 시작할 것이고, 당신은 그러한 긍정적인 활동을 **음미하는**(좋아함) 방법을 배우게 될 것입니다.

이러한 활동에 참여하는 것이 기분 개선과 분명한 연관성이 있다는 것은 과학적으로 입증되었습니다. 우리의 행동 기술 세트는 긍정적 시스템의 세 가지 측면, 즉 원함, 좋아함, 학습 모두에 초점을 둡니다. 여기에서 목표는 더 긍정적이고 의미 있는 활동으로 삶을 구축하고, 이를 알아차리고, 그 가치를 인정하고, 향유하는 방법을 배우는 것입니다. 또한 당신은 무엇이 보상으로 이어질 가능성이 있는지도 배울 것(학습)입니다.

☑ 제6장 긍정적인 것에 주의 기울이기

두 번째 기술 세트는 긍정적인 것에 주의를 기울이는 법을 배우는 데 도움이 되는 사고 능력에 초점을 둡니다. 이 기술 세트는 긍정적인 정서 경험을 적게 하는 사람들이 공통적으로 가지고 있는 세 가지 생각의 함정을 다루기 위해 특별히 설계되었습니다. 이 세 가지 생각의 함정은 다음과 같습니다.

1. 상황의 긍정적인 측면을 인식하기 어려움(해당 기술: **긍정적인 면 찾기**)
2. 좋은 일에 대해 자신이 기여한 바를 인정하지 못함(해당 기술: **주인의식 갖기**)

3 긍정적인 일을 기대하거나 상상하기 어려움(해당 기술: **긍정적인 상상하기**)

긍정적인 면 찾기를 통해 다양한 상황의 긍정적인 측면을 찾아서 그것을 알아차리도록 마음을 훈련할 수 있습니다. **주인의식 갖기**에서는 자신의 행동이 미래에 긍정적인 결과를 얻기 위한 청사진이라는 것을 이해하기 위해서, 상황이 잘 진행되는 데 있어 당신이 기여한 것을 인식하게 될 것입니다. 이 기술들은 일상에 이미 존재하는 긍정적인 점과 당신의 기여도를 인식하는 데 도움을 주는 것이 목표입니다. 이것이 중요한 이유는 우리가 이미 존재하는 것을 인정하지 않고는 우리가 가진 것을 즐길 수 없고(좋아함), 미래에 어떤 단계를 밟아야 할지(학습) 알 수 없기 때문입니다. 다시 말해, 어떤 일이 잘 풀리는 데 자신이 무엇을 했는지 아는 것이 미래에 어떤 행동을 할지 결정하는 청사진 역할을 할 수 있습니다. 많은 사람이 앞으로 일어날 일들을 상상하는 데 어려움을 겪습니다. 이것은 향후 긍정적인 활동에 참여하려는 동기와 노력을 제한합니다. **긍정적인 상상하기**에서는 미래에 일어날 수 있는 사건을 보다 긍정적인 시각으로 상상하는 연습을 하게 됩니다. 이렇게 하면 우리의 뇌가 더 자연스럽게 그렇게 예상하도록 훈련할 수 있습니다.

세 가지 기술 모두 무엇이 긍정적인 결과로 이어지는지를 배우는 능력(학습)을 강화합니다. **긍정적인 면을 찾고 주인의식을 갖는 것**은 특히 긍정적인 것을 알아차리는 능력(좋아함)을 강화하고, **긍정적인 것을 상상하는 것**은 당신에게 동기를 부여하고 활력을 불어넣는(원함) 유용한 기술이 될 것입니다!

▼ 제7장 긍정성 구축하기

세 번째 치료 기술 세트에서는 여러 연구와 동양 철학에서 기분을 개선하고 긍정적인 정서를 향상시키는 데 효과적이라고 입증된 네 가지 긍정적 실천을 익힐 것입니다. 이 기술은 바로 **자애, 감사, 관대함, 이타적 기쁨**입니다. 이 기술들은 당신의 삶, 특히 당신의 관계를 풍요롭게 해 줄 행동 기술과 사고 기술입니다.

자애 기술은 다른 사람들을 향해 사랑과 친절한 마음을 보냄으로써 사랑, 유대감, 평온함을 향상시킵니다. **이타적 기쁨**에서는 다른 사람들(예: 사랑하는 사람, 세상)에게 일어나는 좋은 일을 머릿속에 그려 볼 때 발생하는 긍정적인 정서를 알아차리고 감사하게 될 것입니다. **감사와 관대함**은 사람들에게 친숙한 추가적인 기술입니다. 이 두 가지 기술 모두를 실행하는 것이 개인의 기분과 안녕감에 큰 도움이 된다는 것은 연구를 통해 확인되었습니다. 네 가지 기술 모두 긍정적인 것을 좋아하고 학습하는 것에 초점을 두는데, 예를 들어 다른 사람에 대해 긍정적인 정서를 느끼고 이 정서가 어떻게 생겨날 수 있는지를 배우는 것입니다. 이 기술들은 긍정적인 활동이나 친절한 행동에 대한 동기와 노력을 향상시키는 데 도움이 되고, 보상으로 이어지는 것이 무엇이고 보상을 어떻게 얻을 수 있는지를 배우는 데 도움이 될 것입니다.

3) 모듈 3. 치료 성과 및 재발 예방

✔ 제8장 치료 이후 여정 지속하기

이 워크북의 마지막 모듈(제8장: 치료 이후 여정 지속하기)에서는 치료 기간 동안 얻은 성과가 치료 후에도 유지되도록 하는 데 전념합니다. 이 마지막 장은 실수나 동기 부족과 같이 치료 종결 후에 발생할 수 있는 일반적인 장벽을 해결하는 데 도움이 됩니다. 우리는 치료가 끝난 후에도 당신이 지속적으로 정서 경험을 향상시켜서 삶의 목표를 달성할 수 있게 되기 바랍니다. 그러기 위해서는 치료 이후에 불가피한 장벽이 생길 수 있음을 인식하고 예상하는 것이 중요합니다. 또한 마지막 장은 당신의 진전을 평가하고, 실수(예상된 일시적 실패)와 재발(치료 전 수준으로 돌아가는 것)을 구별하고, 추가로 도움을 구해야 할 시기와 방법을 파악하는 데 도움이 될 것입니다.

4. 각 장의 구조

각 장은 기술에 대한 개요를 설명하는 것으로 시작하고, 과학적 근거에 기반하여 긍정정서치료에서 각 기술 세트가 중요한 이유를 설명합니다. 각 기술의 **내용**과 **이유**를 충분히 이해하지 못하면 이러한 기술을 실천하는 행위가 뒤따르지 않을 수 있습니다. 치료에는 연습이 필요한데, 연습에는 시간과 에너지가 필요합니다. 따라서 이 치료법의 기술 연습에 시간을 할애하는 것이 왜 그렇게 중요한지 충분히 알아야 합니다.

과학적 근거에 대해 설명한 후에는 세트에 포함된 각 기술을 소개하고, 기술 사용 지침과 유용한 활동지를 제공합니다. 모든 활동지에는 기술을 실행하기 전과 후에 당신이 느낀 기분을 평가하는 질문이 있습니다. 각 기술에는 잠재적인 장벽을 해결하는 방법과 일주일 동안 완료해야 할 과제가 포함되어 있습니다. 이 워크북에서 제안한 기준에 최대한 가깝게 기술을 실행해 보는 것이 좋습니다. '연습이 완벽을 만든다(또는 연습이 더 나아지게 한다)'는 격언은 이 치료에도 해당됩니다.

긍정정서치료는 사용자의 필요를 충족할 수 있도록 유연하게 설계되었습니다. 따라서 다음 장에서는 치료 일정을 수정할 수 있는 권장 일정을 제시합니다.

5. 이 프로그램과 다른 치료의 조합

심리치료에는 여러 가지 방법이 있습니다. 불안과 우울 증상을 줄이기 위해 다른 치료를 받고 있다면 이 치료를 시작하기 전에 해당 치료를 완료하는 것이 좋습니다. 또한 이 프로그램을 시작하게 된다면 동시에 다른 치료자에게 유사한 치료를 받지 않는 것이 좋습니다. 동일한 문제에 대해서 한 명 이상의 치료자와 작업하게 되면 혼란스러울 수 있습니다. 따라서 한 번에 하나의 치료 프로그램만 하는 것이 가장 효과적입니다. 그러나 다른 종류의 치료(예: 지지적인 심리치료, 부부치료 또는 가족치료)를 하는 경우에는 두 치료를 동시에 진행할 수 있습니다. 이 치료법을 단독으로 시행하는 것이 나은지, 아니면 다른 치료법과 병행하는 것이 나은지를 당신의 주치의나 치료자와 상의해 보길 권합니다.

불안 및 우울 증상으로 약물을 복용하고 있다면 이 프로그램 기간 동안 약물을 계속 복용할 수 있습니다. 임상적으로 필요한 경우가 아니라면, 치료 과정에서 약물 복용량을 늘리거나 새로운 약물을 시작하는 것을 권장하지 않습니다. 약물 변경은 치료 전략 및 치료 효과의 평가를 방해할 수 있기 때문입니다.

제3장

시작합시다!

1. 이 치료를 최대한 활용하기

이 치료는 이론, 과학, 임상 경험을 기반으로 설계되었습니다. 이 치료에서 소개하는 기술뿐만 아니라 치료의 순서, 배치, 구조 역시 마찬가지입니다. 예를 들어, 규칙적으로 과제를 수행하는 것, 특히 과학적 근거와 임상 경험을 통해 과제를 기록하고 행동에 옮기는 것이 치료의 성공에 명백히 영향을 미친다는 사실이 확인되었습니다. 따라서 우리는 매일의 실천에 큰 중점을 두고 있으며, 이러한 점을 염두에 두고 활동지를 설계하였습니다. 마찬가지로, 이 치료의 순서는 연구에서 얻은 근거를 바탕으로 설계되었습니다. 특히 우울증과 불안증 환자의 경우 치료 초기(그리고 생각하는 기술을 배우기 전에)에 행동 변화를 필요로 하는 기술을 배우는 것이 치료 성공에 가장 큰 영향을 미칠 수 있다는 과학적 연구 결과를 고려하여 첫 번째 기술 세트는 행동 변화를 중심으로 하는 기술들로 구성되었습니다. 다시 말해, 당신이 유난히 기분이 우울하거나 불안하다면, 그리고 주중에 무언가를 하고 싶은 의욕을 느끼지 못하거나 회피하고 있다면, 이 장 후반부의 '**기분이 나아지기 위한 활동**(제5장)'으로 시작하는 것이 가장 유익할 것입니다.

반면에 어떤 사람들은 이미 일상에서 즐기는 활동이 가득 차 있다는 것을 알 수 있습니다. 만약 당신이 그렇다면 '**긍정적인 것에 주의 기울이기**(제6장)'로 시작하는 것이 가장 좋을 것입니다. 또는 당신이 원함(즉, 긍정적인 것에 동기와 관심을 가지고 있고 긍정적인 사건을 상상하는 것)에 어려움이 없다면, 좋아함과 학습을 촉진하는 기술에 집중할 수 있습니다.

집에서 기술을 연습하는 것은 치료 성과를 얻는 데 필수적입니다. 심리치료 중에 규칙적으로 과제를 하는 내담자가 과제를 완료하지 않은 내담자보다 더 나은 치료 성과를 얻는다는 것이 연구를 통해 밝혀졌습니다. 치료 기술은 당신이 배우는 다른 기술과 다르지 않습니다. 기분이 개선되려면 자주 연습해야 합니다. 이상적으로는 매일 새로운 기술을 연습하게 될 것입니다. 따라서 이 치료의 유일한 비용은 시간과 에너지(그리고 이 워크북의 가격)입니다. 정신건강 전문가와 함께 작업하는 경우에는 치료비가 발생할 수 있습니다.

물론 모든 사람이 이 치료에 전념할 시간이나 에너지가 있는 것은 아닐 것입니다. 치료는 하룻밤 사이에 효과가 나타나는 것이 아니며, 지금 당장 시작할 준비가 되어 있지 않은 데에는 여러 가지 이유가 있습니다. 어쩌면 규칙적으로 과제를 실천할 수 없는 직업이나 개인 일정이 있을 수도 있고, 지금 당장 모든 시간과 에너지를 전념해야 할 만한 가족 내 위기를 겪고 있을 수도 있습니다. 치료에 전념할 수 없는 이유가 시간과 에너지 때문이라면 이 치료를 잠시 미뤄 두는 것이 좋습니다.

때때로 어떤 사람들은 두려움 때문에 치료받을 준비가 되어 있지 않다고 믿습니다. 변화나 미지의 것에 대한 두려움은 누구나 느낄 수 있습니다. 그러나 계속 피한다면 그러한 두려움이 사라지지 않을지도 모르고, 오히려 더 악화될 가능성이 높습니다. 이 외에도(긍정적인 정서가 낮은 사람들에게 흔한) 동기 부족으로 인해 치료에 참여하지 않는 경우도 있습니다. 긍정정서치료 프로그램(그리고 당신이 치료자와 함께 진행하는 경우)은 이 치료를 단계별로 안내하고 기분을 개선할 수 있는 새로운 기술을 익히게 함으로써 두려움이나 동기 부족을 관리하는 데 도움을 줄 것입니다.

언제 치료를 시작하기로 선택하든, 최선을 다해 치료를 이행하려고 노력하는 것이 중요합니다. 이는 치료 초기에 기분이 나아지기 시작하더라도 마찬가지입니다. 항생제를 복용할 때는 초반에 증상이 나아지더라도 주어진 전체 용량을 다 복용합니다. 이와 비슷하게, 치료 초기에 얼마나 기분이 좋아졌는지와 관계없이 치료를 끝까지 완수하는 것이 좋습니다. 그렇게 하면 치료가 끝난 후에도, 특히 미래에 불가피한 어려움에 직면하더라도 지속적으로 기분을 개선하고 성과를 유지할 수 있는 모든 기술을 갖추게 됩니다.

언제든지 치료를 시작할 준비가 되었다면, 긍정정서치료는 기분 개선에 효과가 있음이 입증되었기에 당신이 긍정적인 정서를 다시 느끼기 시작하는 데 필요한 단계를 안내할 것입니다.

2. 활동지를 사용하는 방법

이 책은 각 기술을 배우는 데 도움이 되는 활동지로 가득 차 있습니다. 각 기술을 의도된 대로 실천할 수 있도록 각 섹션의 지침을 주의 깊게 읽어 보길 바랍니다. 이러한 과제 중 일부는 각 활동 전후에 긍정적인 기분을 평가하는 것입니다. 이 치료법은 긍정적인 것을 알아차리거나 긍정적인 정서를 느끼는 데 어려움을 겪는 사람들을 위해 특별히 만들어졌다는 것을 기억하기 바랍니다. 기분 변화를 추적하는 것은 여러 가지 이유로 긍정정서치료의 중요한 요소입니다. 첫째, 우울한 기분으로 어려움을 겪는 사람들의 대부분은 즐겁다고 여겨지는 활동들(예: 친구와 시간 보내기)을 할 때에도 긍정적인 정서를 느끼기 어렵다고 말합니다. 그러나 기분의 작은 변화라도 알아차리도록 자신을 훈련하는 것은 긍정적인 정서 경험을 심화할 수 있는 중요한 단계입니다. 기분의 작은 변화를 추적한다면 긍정적인 기분 변화에 동반되는 긍정적인 정서, 신체적 감각, 생각의 작은 변화들을 알아차리도록 훈련하고 있는 것이므로 긍정적인 정서 경험이 깊어지게 됩니다. 둘째, 여러 활동 전후에 기분을 추적하면 어떤 활동이 당신의 기분 개선과 관련되는지 알 수 있게 됩니다. 이것은 긍정적인 결과를 얻는 방법에 대한 학습을 강화하고, 미래에 이러한 활동에 참여하려는 동기를 향상시킵니다. 따라서 긍정정서치료의 기술을 실천하기 전과 실천한 후에 0(가장 낮은 긍정정서)에서 10(가장 높은 긍정정서)까지의 척도로 당신의 기분을 평가하세요.

3. 실천 시기와 기간, 방법

각 섹션에서 제시된 기술은 권장 시간(예: 일주일) 동안 매일(일반적으로 하루에 하나의 활동을 실시하는 형태) 실천하도록 정해져 있습니다. 기술이 너무 간단하거나 쉬워 보이더라도 제안된 방식대로 실행하는 것이 좋습니다. 권장 사항은 대부분의 사용자에게 숙달감을 쌓을 수 있을 정도로 충분한 시간을 제공하도록 설계되었습니다. 과제의 목표는 이러한 기술들이 습관되도록 하는 것임을 기억하세요.

그러나 긍정정서치료 프로그램의 속도는 필요에 맞게 조정할 수도 있습니다. 예를 들어, 연습할 시간이 더 필요하다면 다음 장으로 넘어간 후에도 활동지를 추가로 복사하여 사용하세요. 그러나 다음 장으로 넘어가기 전에 각 장에 1~2주 이상을 추가로 할애하는 것은 권장하지 않습니다. 한 장에 너무 오랜 시간을 투자하면 권장 기간인 15주 내에 모든 기술을 배우기 어려울 수 있습니다. 반면에, 당신이(그리고 만일 당신이 치료를 받고 있는 중이라면, 당신의 치료자가) 보다 조정된 접근 방식이 더 적합하다고 판단한다면(예: 동기 부족을 해결하는 기술에 집중) 전체 치료 기간은 짧아질 수 있습니다.

몇 가지 기술들은 하루의 시작이나 끝에 실행하는 것이 가장 좋고(예: **긍정적인 면 찾기**, **긍정적인 상상하기**, **감사**, **자애**, **이타적 기쁨**), 또 다른 기술들은 낮에 실천하는 것이 가장 좋습니다(예: **긍정적인 활동 실천하기**, **관대함**). 만일 당신이 동기가 없다면 하루가 끝날 때까지 훈련을 미루지 않도록 주의하세요. 결국 전혀 하지 않고 하루를 마치게 될 수도 있습니다. 연구에 따르면 학습은 하루 중 이른 시간에 하는 것이 가장 효과적입니다. 활동지를 완성할 때 기술이 습관될 수 있도록 연습하는 것이 가장 좋습니다. 책에서 활동지를 복사하여 사본 몇 장을 자동차, 사무실 또는 가방에 넣어 두었다가 필요할 때 사용할 수 있습니다.

활동지에 실제로 반응을 적으면서 하기보다는 마음속으로만 기술을 연습하는 경향이 있는 사람도 있습니다. 워크북의 활동지를 작성하여 기술을 실천하는 것이 초기 학습에 중요합니다. 글쓰기는 다음과 같은 많은 이점이 있습니다.

1 글쓰기는 정서의 강도를 낮출 수 있으며, 이는 우리의 정서 경험에 직접적인 영향을 미치는 생각과 행동을 다루려고 할 때 도움이 됩니다.

2 글쓰기는 우리를 안정시킵니다. 우리는 자주 생각이 너무 빠르게 진행되거나 쉽게 산만해지곤 합니다. 이는 숙련도를 쌓아 가는 데 방해가 될 수 있습니다.

3 무언가를 적는 것은 기억을 강화하는 데 도움이 되며(기억하는 데 도움이 됨), 이것은 학습에 필수적입니다.

4. 권장 치료 일정

긍정정서치료는 구조화되어 있고 개인마다 가진 필요를 충족할 수 있도록 유연하게 설계되었습니다. [그림 3-1]은 특정 기술에 더 많거나 적은 시간이 필요한 경우 수정할 수 있는 권장 일정을 나타낸 것입니다. 정신건강 전문가와 함께 치료를 진행하는 경우, 자신의 필요에 가장 적합한 순서 변경 여부를 치료자와 함께 결정할 수 있습니다.

주	장	제목	
1주	제1~4장	평가	• 활동 2-1: 치료 적합성 평가 • 활동 2-2: 치료 시기 평가
		무쾌감증에 대한 심리교육과 치료 개요	
		기분 사이클	• 활동 4-1: 기분 사이클 알아차리기
		정서에 이름 붙이기	• 활동 4-2: 긍정정서 다이얼
		기분이 나아지기 위한 활동	• 활동 5-1: 일상 활동 및 기분 기록
2주	제5장	기분이 나아지기 위한 활동	• 활동 5-1: 일상 활동 및 기분 기록 • 활동 5-2: 긍정적 활동 목록 • 활동 5-3: 숙달을 위한 긍정적 활동 목록 • 활동 5-4: 나의 긍정적 활동 목록
3주	제5장	기분이 나아지기 위한 활동	• 활동 5-5: 긍정적 활동 계획하기
4~7주	제5장	기분이 나아지기 위한 활동	• 활동 5-5: 긍정적 활동 계획하기 • 활동 5-6: 순간을 향유하기
8주	제6장	긍정적인 것에 주의 기울이기	• 활동 6-1: 긍정적인 면 찾기
9주	제6장	긍정적인 것에 주의 기울이기	• 활동 6-2: 주인의식 갖기
10주	제6장	긍정적인 것에 주의 기울이기	• 활동 6-3: 긍정적인 상상하기
11주	제7장	긍정성 구축하기	• 활동 7-1: 자애
12주	제7장	긍정성 구축하기	• 활동 7-2: 감사
13주	제7장	긍정성 구축하기	• 활동 7-3: 관대함
14주	제7장	긍정성 구축하기	• 활동 7-4: 이타적 기쁨
15주	제8장	치료 이후 여정 지속하기	• 활동 8-1: 나의 진전 평가 • 활동 8-2: 나의 장기 목표 • 활동 8-3: 치료 성과 유지하기 • 활동 8-4: 장벽 극복하기

❙ 그림 3-1 ❙ 권장 치료 일정

5. 치료 효과를 알 수 있는 방법

    치료를 시작한 후에는 증상을 모니터링하는 것이 중요합니다. 그렇게 하면 당신이 개선되고 있는지를 알 수 있으며, 이 정보는 치료를 계속 진행하도록 동기를 부여해 줍니다. 치료자는 긍정적인 기분, 부정적인 기분, 무쾌감증, 우울 또는 불안 증상을 평가하는 적절하고 표준화된 설문지를 안내해 줄 수 있습니다.

긍정정서치료:
우울과 불안에 대한 새로운 접근
워크북

제**4**장

정서, 생각,
행동의 3요소

1. 기분 사이클이 무엇일까요

기분 사이클이란 무엇이 정서를 유발하는지, 그리고 정서가 무엇으로 이어지는지를 나타내는 개념입니다.

> **기분 사이클** = 사고(생각하기), 행동(행동하기), 신체적 감각(느끼기)

무엇이 정서를 유발하는지부터 시작해 봅시다. 생각하는 방식(사고), 행동하는 방식(행동), 몸이 느끼는 방식(신체적 감각)에 따라 느낌(정서)이 직접적으로 바뀔 수 있습니다. 다음의 예시는 사고, 행동, 신체 감각 세 가지 요소가 어떻게 우리의 기분에 직접적인 영향을 미칠 수 있는지를 보여 줍니다.

1) 사고

친구가 당신에게 인사도 하지 않고 그냥 지나쳐 간다고 상상해 보세요. '내가 뭔가 잘못해서 저 친구가 화가 났구나.'라는 생각이 든다면 아마 **죄책감**을 느낄 것입니다. '저 친구는 못됐어. 나를 따돌리려고 해.'라는 생각이 든다면 **분노**를 느낄 수 있습니다. 그리고 만약 당신이 '쟤는 나를 못 봤어. 그래, 쟤는 원래 항상 공상에 잠겨 있잖아.'라는 생각이 든다면 당신은 약간의 **재미**를 느낄 수도 있습니다. [그림 4-1]에서 볼 수 있듯이, 친구의 행동을 당신이 어떻게 해석하고 생각하느냐에 따라 정서가 직접적으로 달라집니다(죄책감 vs. 분노 vs. 즐거움).

2) 행동

당신이 가장 좋아하는 활동이 무엇인지 생각해 보세요. 아마 좋아하는 음악 듣기, 낚시를 가거나 요트 타기, 사랑하는 사람과 시간 보내기, 운동하기, 좋아하는 음식 요리하기, 공예품 만들기, 하이킹하기 등이 해당될 것입니다.

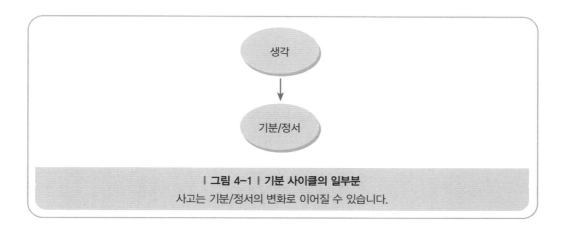

l 그림 4-1 l 기분 사이클의 일부분
사고는 기분/정서의 변화로 이어질 수 있습니다.

　이번에는 가장 싫어하는 활동이 무엇인지 생각해 보세요. 예를 들어, 많은 청중 앞에서 발표하기, 직장에서 마감일 맞추기, 많은 양의 식사를 요리한 후에 설거지하기, 세금 내기, 교통 체증 상황에서 운전하기, 서비스센터에 전화하기 등이 있습니다.

　이제 가장 좋아하는 활동을 한 후의 기분과 가장 싫어하는 활동을 한 후의 기분을 상상해 보세요. 좋아하는 활동에서는 긍정적인 정서(예: 기쁨, 자부심, 흥분, 에너지)을 더 많이 떠올리게 되고 싫어하는 활동에서는 부정적인 정서(예: 불안, 분노, 좌절)을 더 많이 떠올렸을 것입니다. [그림 4-2]에서 볼 수 있듯이, 당신이 무엇을 하는지가 당신의 정서에 직접적인 영향을 미칩니다.

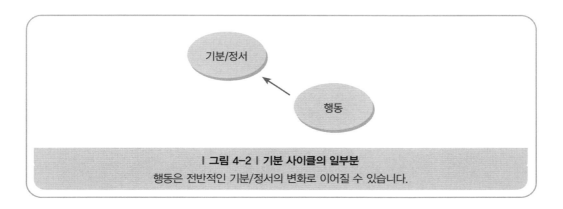

l 그림 4-2 l 기분 사이클의 일부분
행동은 전반적인 기분/정서의 변화로 이어질 수 있습니다.

3) 신체적 감각

당신이 신체적 고통을 경험할 때 느끼는 정서를 떠올려 보세요. 분노, 짜증, 불안, 슬픔 또는 두려움을 느낄 수 있습니다. 이제 근육의 긴장을 풀어 보고, 그때 느껴지는 정서를 확인해 보세요. 이완되고, 편안하며 만족감을 느낄 수 있습니다. [그림 4-3]에서 볼 수 있듯이 신체적인 감각도 마찬가지로 정서에 영향을 미칩니다.

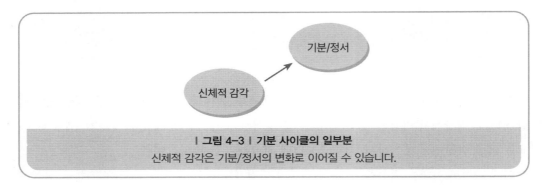

┃ 그림 4-3 ┃ 기분 사이클의 일부분
신체적 감각은 기분/정서의 변화로 이어질 수 있습니다.

4) 기분의 3요소

생각, 행동, 신체적 감각은 모두 정서에 영향을 미칩니다. 정서가 당신의 기분을 만듭니다. [그림 4-4]에서 볼 수 있듯이, 당신이 생각하고, 행동하고, 신체적으로 느끼는 것은 당신

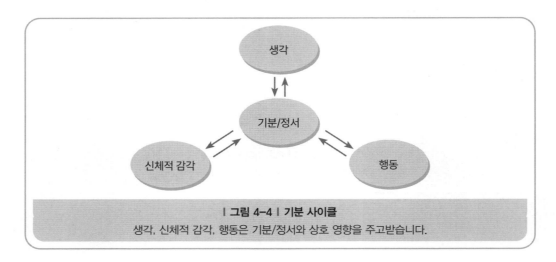

┃ 그림 4-4 ┃ 기분 사이클
생각, 신체적 감각, 행동은 기분/정서와 상호 영향을 주고받습니다.

의 기분에 영향을 미치며 이것들이 모두 기분의 요소들이라고 볼 수 있습니다.

그 반대의 경우도 마찬가지입니다. 기분과 정서는 생각하고, 행동하고, 신체적으로 느끼는 것에 영향을 미칩니다. 예를 들어, 두려움을 느끼면 자신이 위험에 처해 있다고 생각하고 심장이 뛰게 되어 도망칠 수 있습니다. 수치심을 느끼면 '나는 부족하다'는 생각이 들고, 숨고 싶은 충동이 생기고, 눈을 내리깔거나 고개를 숙이게 됩니다. 자부심을 느끼면 자신에 대해 긍정적으로 생각하고, 생산적인 행동을 하게 되고, 당당한 자세를 갖게 될 가능성이 높습니다.

[그림 4-5]에서 볼 수 있듯이, 기분 3요소의 각 부분은 다른 부분에 영향을 미치며, 서로 연결되어 있습니다. 어떻게 **생각**하느냐에 따라 몸에서 **느끼는** 것과 당신의 **행동**이 바뀝니다. 당신이 **행동**하는 것은 당신이 **생각**하는 방식과 당신의 몸에서 **느끼는** 것을 바꿉니다. 그리고 당신이 **느끼는** 것은 당신의 **생각**과 **행동**을 바꿉니다.

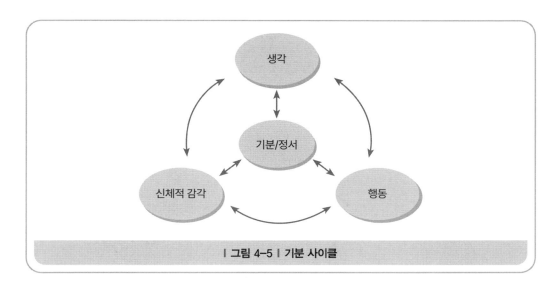

| 그림 4-5 | 기분 사이클

대부분의 사람은 자신의 정서를 떨쳐 버리고 싶다는 기대를 가지고 치료를 받는데, 이는 가능하지 않으며 도움이 되지도 않습니다. 우울한 정서나 두근거리는 심장을 전등 스위치처럼 꺼 버리려 한다고 상상해 보세요. 당신은 그렇게 할 수 없으며, 만일 그렇게 할 수 있다면 심리치료는 필요하지 않을 것입니다. 우리 모두는 정서를 피할 수도 없고 피해서도 안되지만, 우리가 생각하고 행동하는 방식은 바꿀 수 있으며, 그로 인해 우리가 느끼는 방식

도 바뀔 수 있습니다. 이것이 바로 긍정정서치료가 사용하는 인지행동 접근 방식입니다.

사고 기술과 행동 기술의 조합을 사용하여 기분을 개선하고 긍정적인 정서의 수, 다양성, 그리고 강도를 높일 수 있습니다. 예를 들면 다음과 같습니다.

> 펠릭스가 파티에 초대받았다고 상상해 봅시다. [그림 4-6]에서 볼 수 있듯이, 만일 그가 '사람들이 날 좋아하기 때문에 내가 파티에 초대받은 거야.'라고 생각한다면(생각), 펠릭스는 자신의 가슴에서 따뜻함을 느끼고, 그의 얼굴에는 미소가 번지며(신체적 감각), 유대감을 느낄 것입니다(정서). 그는 활력을 느끼게 될 수도 있고(신체적 감각), 초대를 받아들일 것이며(행동), 설렘을 느끼고(정서), 파티에 가서 사람들과 대화를 나눌 수 있으며(행동), 이를 통해 새로운 친구를 사귀게 될 수도 있습니다.

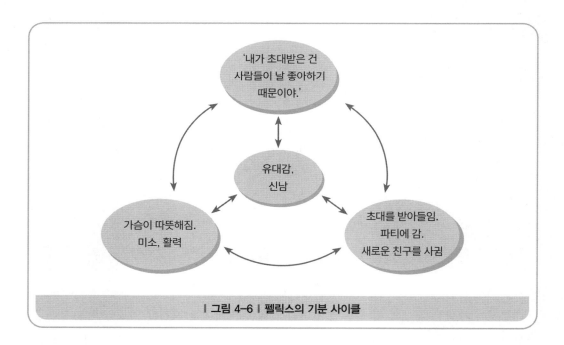

| 그림 4-6 | 펠릭스의 기분 사이클

활동 4-1 기분 사이클 알아차리기 ㅇㅇㅇ

자, 이제 당신 차례입니다! 당신에게 펠릭스와 같은 개인적인 경험이 있나요? 활동 4-1 기분 사이클 알아차리기에 적어 보세요. 이 활동지는 책에서 복사하여 사용할 수 있습니다.

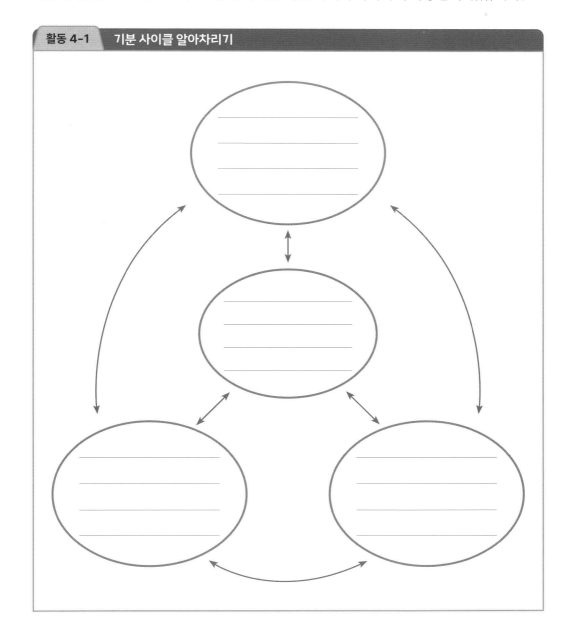

활동 4-1 기분 사이클 알아차리기

2. 하향 나선과 상향 나선

하향 나선(downward spirals)에 대해 들어 본 적이 있습니까? 정서(예: 우울함)은 부정적인 생각(예: '나는 제대로 하는 것이 하나도 없어.')으로 이어지고, 이는 또 다른 부정적인 생각(예: '나는 바보이고, 실패자야.')으로 이어지고, 이는 더 많은 부정적인 정서(예: 수치심과 더 많은 우울감)으로 이어지며, 이는 다시 행동(예: 고립)으로 이어지고, 악순환만 지속됩니다. 하향 나선은 부정적인 기분 사이클의 한 예이며, 아시다시피 일단 빠지면 거기에 갇히기 쉽습니다.

상향 나선(upward spirals)도 마찬가지입니다. 긍정적인 생각(예: '나는 할 수 있어.')은 긍정적인 정서(예: 자신감)으로 이어질 수 있고, 이는 행동(예: 생산적인 활동)으로 이어질 수 있으며, 이는 또 다른 긍정적인 생각(예: '나는 성공했다.')과 정서(예: 자부심) 등으로 이어질 수 있습니다. 상향 나선은 기분 사이클의 한 형태이지만 긍정적인 방향입니다.

연구 결과, 사람들은 하향 나선과 마찬가지로 상향 나선도 경험할 수 있으며, 이는 자기영속적인 속성이 있는 것으로 나타났습니다. 따라서 긍정정서치료의 목표 중 하나는 당신의 행동을 바꾸고 생각을 다루어 당신이 상향 나선에 들어가도록 돕는 것입니다. 이 모든 것은 물론 유용한 자료와 활동지를 사용한 일상적인 실천을 통해 이루어집니다. 예를 들면 다음과 같습니다.

펠릭스는 산책을 갈 때(행동) 상향 나선을 경험했습니다. 그는 근처 호수를 산책하면서 한 쌍의 오리와 뒤따라가는 아기 오리들을 보았습니다. 오리들을 보면서 펠릭스는 '참 귀엽네.'(생각)라고 생각하며 작은 미소가 번졌고(행동), 피식하고 웃음이 터져 나왔습니다(신체적 감각). 그러자 그의 기분이 전체적으로 좋아지면서, 즐거움과 만족감을 느꼈고(정서), 다른 곳을 더 산책하고 싶다는 동기를 느끼게 되었습니다. 그리고 다음 날 그는 이번에는 더 먼 곳으로 산책을 갔습니다(행동).

3. 정서에 이름 붙이기

　이 치료법은 특히 긍정적인 정서를 다시 경험할 수 있도록 고안되었습니다. 당신이 긍정적인 정서를 알아차리기 위해서는 정서에 이름을 붙이는 법을 배우는 것이 중요합니다. 우리의 정서를 표현할 말이 없다면 우리는 정서를 인식하고 소통할 수 없습니다. **정서에 이름을 붙이면** 우리가 느끼는 것을 **알아차리고 인정**할 수 있습니다. 부정적인 정서를 묘사하는 단어를 찾는 것은 쉽지만 긍정적인 정서를 묘사하는 단어를 찾는 것은 훨씬 더 어렵다는 것을 알고 계셨나요? 당신이 경험하는 것의 정확성과 중요성을 높이기 위해 다양한 긍정적 정서를 인식하고 어휘를 확장하는 것이 중요합니다. 이 치료를 진행하면서 긍정적인 정서가 무엇인지 표현하는 연습을 하게 될 것입니다.

> **정서에 이름 붙이기**는 긍정적인 경험을 알아차리는 데 도움이 되는 활동입니다.

1) 긍정적인 정서의 종류

　활동 4-2 **긍정정서 다이얼**은 다양한 긍정적인 정서의 종류를 보여 주는 자료입니다. 다음에 나오는 조이와 펠릭스의 사례를 읽고, 긍정정서 다이얼 활동지의 정서 단어 옆에 별표를 그려서 당신에게 가장 공감이 가는 정서가 무엇인지 확인해 보세요. 이 치료를 하는 동안 당신이 알아차린 긍정적인 정서를 기록하게 될 것입니다. 이 활동지는 어떤 정서를 느꼈는지 확인할 때 유용한 참고 자료가 될 것입니다(주의: 각 단어의 글자 크기나 순서는 각 정서의 중요성을 의미하는 것이 아닙니다). 이 활동지는 책에서 복사하여 사용할 수도 있습니다.

　과제로 긍정적인 정서를 파악하고 이름 붙이는 연습을 해 봅시다. 비어 있는 줄에는 당신이 알아차린 긍정적인 정서를 추가합니다. 치료 전체 과정 동안 이 다이얼을 다시 참고하여 계속 추가할 수 있습니다.

활동 4-2   긍정정서 다이얼

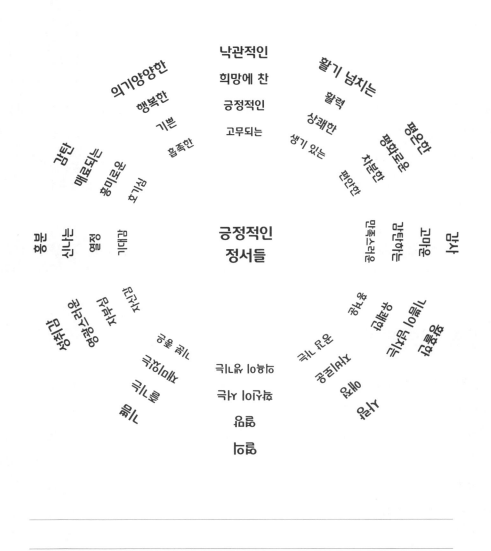

낙관적인
희망에 찬
긍정적인
고무되는

의기양양한
행복한
기쁜
흡족한

활기 넘치는
활력
상쾌한
생기 있는

평온한
평화로운
차분한
편안한

고마운
만족스러운
마음이 놓이는

감사

명랑
기쁨
유쾌

감탄
매혹된
흥미로운
호기심

따뜻한
애정깊은
감미로운

용서

긍정적인
정서들

상쾌한
자부심
역량있는

따뜻한
자신감
자부심 있는
용기있는

즐거운
쾌활한
재미있는
웃기는

흥미로운
호기심 어린
흥미로운 것

편안함
쾌적함
자유로움
여유

사랑

2) 조이와 펠릭스의 사례

조이는 긍정정서 다이얼을 검토하기 시작했고 긍정적인 정서에 이렇게 많은 선택지가 있는지 몰랐다는 것을 깨달았습니다. 또한 그녀는 최근에 긍정적인 정서를 많이 경험하지 못했다는 것을 알아차렸고 목록에 제시된 모든 정서를 상상하려고 열심히 노력했습니다. 그녀는 즐거움, 자부심, 감사 옆에 별표를 그렸는데, 이 정서들이 그녀가 가장 그리워하는 정서들이었기 때문입니다.

펠릭스는 긍정정서 다이얼을 검토했고, 목록에 있는 긍정정서 중 일부는 상상하기가 어렵다는 것을 깨달았습니다. 그는 호기심, 편안함, 자신감 옆에 별표를 그렸는데, 이 정서들이 그의 눈에 띄었기 때문입니다.

긍정정서에 이름 붙이기 활동에 대한 문제 해결

◉ 긍정정서에 이름을 붙이는 것이 왜 중요한가요?

우리가 정서에 이름을 붙일 때, 우리는 그 순간에 경험하고 있는 것을 알아차리고 인정할 수 있게 됩니다. 일반적으로 부정적인 정서에 이름을 붙이는 것은 훨씬 더 쉽고, 긍정적인 정서를 알아차리고 이름을 붙이는 것은 훨씬 더 어렵습니다. 긍정적인 정서를 인정하고 이름을 붙일 수 있게 되면 우리가 이용할 수 있는 다양한 긍정적인 정서에 대한 인식을 확장시킵니다. 또한 우리가 무엇을 느끼는지 보다 정확하게 파악할 수 있습니다.

◉ 만일 새로운 긍정정서를 떠올리는 게 어렵다면 어떻게 하나요?

그것은 완전히 정상이며 괜찮습니다! 기분이 저조한 사람들은 긍정적인 정서를 생성하는 데 어려움을 겪는 것이 일반적입니다. 이것이 당신에게 긍정정서 다이얼을 제공하는 이유입니다. 이 활동지에 당신이 경험하고 있는 긍정적인 정서가 포함되어 있지 않다면, 당신이 한때 즐겼던 과거의 경험이나 활동을 떠올려 보고, 당신이 경험한 정서를 최대한 알아차려 보세요. 긍정적인 정서에 이름을 붙이는 연습을 빨리 시작할수록 새로운 긍정적인 정서를 더 빨리 생성할 수 있게 됩니다.

긍정정서치료:
우울과 불안에 대한 새로운 접근

워크북

치료 기술 세트

Treatment Skill Sets

긍정정서치료:
우울과 불안에 대한 새로운 접근
워크북

제5장

기분이 나아지기
위한 활동

1. 긍정적 활동의 기능

첫 번째 치료 기술에서 우리는 행동에 초점을 맞출 것입니다. 앞서 논의했듯이 행동은 기분의 한 요소이므로 어떻게 행동하는지가 느낌과 생각에 직접적인 영향을 미칩니다. 삶에서 긍정적인 활동이 충분하지 않으면 그 결과로 긍정적인 기분이 낮아지게 됩니다(기분 사이클을 기억하시나요? 기억나지 않는다면 제4장으로 돌아갑니다). 사회적 고립이나 정서적 고립, 회피, 철수와 같은 행동은 긍정적인 기분을 낮은 수준으로 유지하는 데 기여합니다. 그러니 기분을 좋게 하려면 어떻게 해야 할까요? 당신의 행동 방식을 바꿔야 합니다! 이것이 왜 중요할까요? 연구에 따르면, 활동을 많이 하면 일반적으로 기분이 좋아지고, 더 보람 있는 활동에 참여하게 됩니다. 활동적으로 지낸다는 것은 신체적 건강뿐만 아니라 정신건강도 증진시킵니다. '기분이 좋아지는' 행동이나 즐거운 활동은 일반적으로 보다 긍정적인 생각과 정서로 이어집니다. "될 때까지 그런 척하라(Fake it until you make it)"라는 말을 들어 본 적이 있나요? 이 말에는 중요한 진실이 담겨 있습니다. 어떤 행동을 해 본다는 것은 그 행동에 대한 동기가 없다고 하더라도 당신의 기분을 좋게 하는 가장 좋은 방법입니다.

> **당신의 행동을 바꾸는 것**은 당신의 생각과 정서를 변화시키는 가장 직접적인 방법입니다.

머릿속으로 어떤 이미지를 자세히 되새겨 봄으로써 즐겁거나 보람 있는 활동을 더욱 강화할 수 있습니다. 또한 즐겁거나 보람 있는 활동이 긍정적인 정서로 이어지는지 알게 될 것이며(학습), 이는 활동에 참여하려는 동기(원함)와 활동에 대한 즐거움(좋아함)을 증가시킬 것입니다. 이와 더불어 그러한 즐거운 활동을 하기 위해 단계를 밟는 방법도 배우게 될 것입니다.

어떤 사람들은 긍정적인 정서가 저조하기 때문에 긍정적인 활동을 즐길 수 없다고 생각합니다. 그래서 "이게 무슨 소용이 있죠?"라고 말하며 긍정적인 활동을 하지 않습니다. 또는 "나는 즐거운 활동을 할 자격도 없고 그럴 시간도 없어요."라고 말하기도 합니다. 당신이 가진 생각과 비슷한가요?

우리는 당신이 삶에서 최근에 발견한 긍정적인 활동이나 삶에서 한 번쯤은 긍정적이라고 생각했던 활동을 하는 것에 초점을 맞추는 것으로 시작할 것입니다. 그런 다음 이러한 활동의 긍정적인 측면에 대한 경험을 심화하기 위해 노력할 것입니다. 어떤 사람들은 긍정적인 기분이 저조하기 때문에 즐길 수 있는 것이 거의 없어서 긍정적인 활동에 전혀 참여하지 않습니다. 당신도 이러한가요?

　논의한 바와 같이 행동은 기분 사이클의 한 부분입니다. 그러나 우리가 가장 직접적으로 좌우할 수 있는 요소라는 점에서 독특합니다. 질병에 의해 제약을 받지 않는 한, 우리가 생각하거나 느끼는 것에 상관없이 우리는 움직이고 활동할 수 있습니다. 반대로, 우리는 자신의 생각, 정서나 신체적 감각을 쉽게 차단하거나 켤 수 없습니다. 소파에 앉아 있고 테이블 앞에 물병이 놓여 있다고 상상해 보십시오. 우리 마음은 우리가 일어나서 물병을 잡는 것이 불가능하다고 믿게 만들 수 있습니다. 바로 정서와 생각 때문입니다. 우울증을 겪는 사람들에게서 흔히 나타나는 느낌 중 하나는 에너지가 부족하다는 것입니다. 그들은 몸이 무거워서 움직일 수 없다고 느낍니다. 그들에게 내면의 목소리는 '지금 넌 너무 피곤해서 일어나지 못하잖아.' 또는 '일어나 봐야 무슨 소용이 있어? 그렇다고 해서 네 기분이 바뀌지는 않을 거야.'라고 말합니다. 그러나 몸이 마비된 게 아니라면, 아무리 당신의 생각과 정서가 당신에게 일어날 수 없다고 설득해도 당신은 일어날 수 있습니다. 만약 당신이 일어나서 그 물병을 잡는다면, 당신의 마음은 더 이상 그것을 할 수 없을 거라고 말할 수 없습니다. 왜냐하면 당신이 할 수 있다는 것을 스스로 증명했기 때문입니다.

> **일단 움직여 보면, 계속 움직이는 것이 더 쉬워집니다.**

　행동을 취하는 것의 또 다른 중요한 측면은 관성의 첫 번째 법칙입니다. 중학교 때 들었던 이 개념을 기억하시나요? "정지해 있는 물체는 정지해 있을 것이고, 움직이는 물체는 외부의 힘이 작용하지 않는 한 계속 움직일 것이다." 즉, 한 번 움직이기 시작하면 계속 움직이기가 더 쉬워집니다. 예를 들어, 일단 산책을 시작하면 계속 걷기가 더 쉬워지고, 책상에서 한 번 일을 시작하면 이를 지속하기가 더 쉬워집니다. 가장 어려운 부분은 '움직이기 시작하는 것'입니다. 우울증과 무쾌감증을 경험하는 사람들이 보람 있는 일을 상상하는 것은 드물지 않지만 행동을 시작하려는 동기는 부족한 경우가 많습니다. 관성의 법칙을 마음 깊이 간직하세요. 뭔가를 시작하는 것에 대해 압도되는 느낌이 들 수 있고, 당신의 마음에서 그렇게 행동하는 것이 무의미하다고 말할 수 있습니다. 그러나 그 생각에 속지 말고, 그것은 사실이 아니라 생각일 뿐이라는 것을 기억하세요. 스스로에게 이렇게 말해 보세요. "내가 이걸 해 보기 전까지는 이게 무의미한 것인지 알 수 없어."

2. 일상 활동 및 기분 모니터링

우리는 당신의 활동 수준을 모니터링하기 시작할 것입니다. 이것이 왜 중요할까요? 어떤 것이 왜 중요한지 알면 그것을 실천할 가능성이 높아집니다. 만일 당신이 소파에 앉아 있는 것이 당신의 기분과 신체에 운동과 동일한 효과가 있다는 것을 안다면 운동을 하시겠습니까? 아마도 그렇지 않을 것입니다. 활동을 모니터링하는 것이 중요한 이유는 다음과 같습니다.

1. 모니터링은 당신이 어느 지점에서 시작하는지 알려 주며, 이 정보는 당신의 진전을 확인하는 데 필수적입니다.
2. 당신의 일상 활동을 객관적이고 정확하게 보여 줍니다.
3. 당신이 긍정적인 활동을 할 수 있는 시간이 언제인지 알려 줍니다.
4. 활동과 기분 사이의 연관성을 보여 줍니다.

활동 5-1 **일상 활동 및 기분 기록**을 참조하십시오. 모니터링에는 수면 시간, 신체 활동 시간, 온라인 사용 시간, 완료한 활동 수 등을 기록하는 것이 포함됩니다. 자신이 한다고 생각하는 것과 실제로 하고 있는 활동의 차이를 발견하고 놀랄 수도 있습니다. 다음 [그림 5-1]은 펠릭스가 완성한 예시입니다.

일상 활동 및 기분 기록

하루 종일 일상 활동을 모니터링하고 기록합니다. 각 활동 전후에 느낀 기분을 평가하세요(0 = 아주 낮은 긍정정서, 10 = 아주 높은 긍정정서). 이번 주에 날마다 당신의 활동을 기록하세요. 하루에 한 장의 기록지를 사용합니다.

요일: 화요일

	활동	활동 전 기분(0~10)	활동 후 기분(0~10)
1:00	잠		
2:00	잠		
3:00	잠		
4:00	잠		
5:00	잠		
6:00	잠		
7:00	잠		
8:00	잠		3
9:00	침대에서 휴대폰 확인	3	2
10:00	비디오 게임	2	
11:00	TV 시청		3
12:00	점심 식사	4	4
13:00	엄마와 통화	4	7
14:00	비디오 게임	6	
15:00	비디오 게임		
16:00	TV 시청		
17:00	비디오 게임		
18:00	비디오 게임		1
19:00	저녁 식사	3	3
20:00	TV 시청	3	3
21:00	인터넷	3	
22:00	인터넷		
23:00	인터넷		2
24:00	잠	2	

| 그림 5-1 | 펠릭스가 완성한 '일상 활동 및 기분 기록' 활동지

활동 5-1 일상 활동 및 기분 기록

　자 이제 당신 차례입니다! 다음 7일 동안 **일상 활동 및 기분 기록**(활동 5-1)을 하루가 끝날 때마다 완성하세요. 이 활동지는 책에서 여러 장 복사하여 사용하세요.

　당신이 했던 활동을 추적하면서 각 활동 후의 기분도 모니터링하세요. 예를 들어, 친구들과 저녁을 먹은 후와 TV를 본 후의 기분이 어떤지 생각해 보세요. 이것이 중요한 이유는 무엇일까요? 이 부분의 목적은 행동을 통해 긍정적인 기분을 증가시키고자 함이기 때문입니다. 당신의 기분을 추적하지 않으면 기분이 좋아지고 있는지 알 수 없습니다. 체중, 건강, 재정 상태와 같이 무언가를 관리하기 위해서는 추적이 필요합니다. 측정하지 않는 것을 관리기란 쉽지 않습니다. 또한 모니터링을 통해 특정 활동은 당신의 긍정적인 기분과 밀접하게 연결되어 있는 반면, 다른 활동은 그렇지 않다는 것도 알 수 있게 됩니다. 모니터링은 이처럼 행동과 기분의 연결성을 학습하는 데 유용합니다.

활동 5-1	일상 활동 및 기분 기록

하루 종일 일상 활동을 모니터링하고 기록합니다. 각 활동 전후에 느껴진 기분을 평가하세요(0 = 아주 낮은 긍정정서, 10 = 아주 높은 긍정정서). 이번 주에 날마다 당신의 활동을 기록하세요. 하루에 한 장의 기록지를 사용합니다.

기록일: _____년 ____월 ____일 ____요일

	활동	활동 전 기분(0~10)	활동 후 기분(0~10)
1:00			
2:00			
3:00			
4:00			
5:00			
6:00			
7:00			
8:00			
9:00			
10:00			
11:00			
12:00			
13:00			
14:00			
15:00			
16:00			
17:00			
18:00			
19:00			
20:00			
21:00			
22:00			
23:00			
24:00			

3. 긍정적 활동 설계하기

앞으로 몇 주 동안 우리는 당신이 참여하는 긍정적인 활동을 늘려 나갈 것입니다. 긍정적인 활동을 계획하고 실천하는 것은 긍정적인 정서의 증가로 이어질 수 있습니다. 먼저, 현재 긍정적인 정서를 느끼게 하는 활동, 한때 긍정적으로 느껴졌던 활동, 또는 앞으로 시도하면 긍정적인 정서를 느끼게 될 것이라고 생각되는 활동에 초점을 맞추는 것부터 시작하겠습니다.

활동 5-2 긍정적 활동 목록, 활동 5-3 숙달을 위한 긍정적 활동 목록

활동 5-2 **긍정적 활동 목록**을 보고 각 활동이 당신에게 **현재** 긍정적인 정서를 불러일으키는 활동인지, **과거**에 긍정적인 정서를 느끼게 했던 활동인지, 또는 당신이 **시도**해 볼 수 있을 만한 새로운 활동인지를 분류해 봅시다. 만일 현재 당신이 하는 활동이라면 '현재', 과거에 했었던 활동이라면 '과거', 새롭게 시도해 볼 수 있는 활동이라면 '시도'라고 표기하세요. 비어 있는 줄에는 목록에 제시된 활동 외에 당신이 현재 즐기는 활동이나, 과거에 즐겼던 활동, 또는 시도해 보면 즐길 수 있을 것 같은 활동들을 추가하면 됩니다. 그리고 나서 활동 5-3 **숙달을 위한 긍정적 활동 목록**을 검토하여 앞서 설명한 방식(현재/과거/시도)대로 분류해 보세요. 마찬가지로 비어 있는 줄에는 현재 당신에게 숙달감을 느끼게 하거나, 숙달감을 불러일으킬 수 있는 활동들을 추가해 봅시다. 활동지는 이 책에서 여러 장 복사하여 사용할 수 있습니다.

활동 5-2	긍정적 활동 목록

긍정적 활동 목록을 검토합니다. 각 활동이 '**현재**' 당신에게 긍정적인 정서를 느끼게 하는 활동인지, '**과거**'에 긍정적인 정서를 느끼게 했던 활동인지, 당신이 '**시도**'해 볼 수 있는 새로운 활동인지 구분해 보세요. **현재에 해당하는 활동이라면 '현재', 과거에 해당하는 활동이라면 '과거', 새롭게 시도하는 활동이라면 '시도'**라고 표기하세요. 다음 목록 외에 현재 즐기고 있는 활동, 예전에 즐겨 했던 활동, 또는 앞으로 당신이 즐겁게 할 수 있을 것이라 생각하는 활동을 빈칸에 추가하세요.

현재/과거/시도	현재/과거/시도
_____ 샤워하기	_____ 나를 위한 물건 사기
_____ 콘서트 가기	_____ 종교기관 또는 커뮤니티 가기
_____ 스포츠 행사 보러 가기	_____ 클래스 또는 클럽 이벤트 가기
_____ 친구나 동료와 점심 먹기	_____ 가족이나 친구 선물 사기
_____ 바(bar), 클럽 등에 가기	_____ 구호단체 기부 또는 자원봉사하기
_____ 여가용 책 읽기	_____ 음식이나 공예품 만들어서 선물하기
_____ 동물과 놀기	_____ 좋아하는 노래에 맞춰 춤추기
_____ 자연에서 시간 보내기	_____ 친구와 소식 나누기
_____ 영화, 드라마, 스포츠 시청하기	_____ 자녀 또는 손자와 함께하기
_____ 파티 가기	_____ 다른 사람 돕기
_____ 친구들과 어울리기	_____ 신선한 공기 마시기
_____ 요리하기	_____ 친구와 게임하기
_____ 긍정적인 미래에 대해 생각하기	_____ 악기 연주하기
_____ 가장 좋아하는 간식 즐기기	_____ 예술활동하기(예: 그림, 사진)
_____ 소중한 사람과 껴안기	_____ 좋아하는 향 맡기
_____ 운동, 하이킹, 스포츠 게임하기	_____ 카드 게임 또는 보드 게임하기
_____ 탐험하기(예: 새로운 길 가 보기)	_____ 산책하기
_____ 화장하기, 머리 손질하기 등	_____ 편지 쓰기
_____ 좋은 옷 입어 보기	_____ 그림(사진) 보기
_____ 영화관 가기	_____ 정원 가꾸기
_____ 재밌는 영화나 영상 시청하기	_____ 매니큐어 또는 페디큐어 바르기
_____ 마사지받기	_____ _____
_____ _____	_____ _____
_____ _____	_____ _____

활동 5-3	숙달을 위한 긍정적 활동 목록

숙달감을 키우는 긍정적 활동 목록을 검토합니다. 각 활동이 '현재' 당신이 실천하고 있는 활동인지, '과거'에 했던 활동인지, 당신이 '시도'해 볼 수 있는 새로운 활동인지 구분해 보세요. **현재에 해당하는 활동이라면 '현재', 과거에 해당하는 활동이라면 '과거', 새롭게 시도하는 활동이라면 '시도'**라고 표기하세요. 다음 목록 외에, 현재 당신에게 숙달감을 느끼게 해 주는 활동이나, 숙달감을 느낄 수 있을 만한 것이라 생각하는 활동을 빈칸에 추가해 보세요.

현재/과거/시도	현재/과거/시도
_____ 마감기한에 맞추어 일하기	_____ 악기 배우기
_____ 새로운 기술(예: 언어) 배우기	_____ 책 읽기
_____ 프로젝트 마무리하기	_____ 이야기, 소설, 연극, 시 쓰기
_____ 설거지하기	_____ 새로운 취미(예: 공예) 배우기
_____ 청소기 돌리기	_____ 방 새로 꾸미기
_____ 정리하기	_____ 지원서 작성하기
_____ 여행이나 휴가 계획하기	_____ 가구나 골동품 복구하기
_____ 시험 공부하기	_____ 노래나 음악 작곡하기
_____ 직소 퍼즐 맞추기	_____ 과제 완료하기
_____ _____	_____ _____
_____ _____	_____ _____
_____ _____	_____ _____
_____ _____	_____ _____
_____ _____	_____ _____
_____ _____	_____ _____
_____ _____	_____ _____
_____ _____	_____ _____
_____ _____	_____ _____

활동 5-4 나의 긍정적 활동 목록

이제 당신의 차례입니다! 활동 5-4 나의 긍정적 활동 목록을 사용하여 (1) 현재 즐겁다고 생각하는 활동, 한때 즐거웠던 활동, 또는 즐거울 것이라 예상되는 활동, (2) 당신의 삶에 가치를 느끼게 하는 활동, (3) 즉각적인 즐거움을 느끼게 하지는 않지만 활동을 마치고 나면 숙달감(또는 그 외 다른 긍정적인 정서)을 불러일으키는 활동을 목록으로 만듭니다. 활동지는 이 책에서 여러 장 복사하여 사용할 수 있습니다.

이미 당신이 평소에 하고 있는 긍정적인 활동부터 시작할 수 있습니다. 활동을 떠올리기에 어려움이 있다면 활동 5-2 목록에서 당신이 좋아했던 활동을 떠올려 보세요. 긍정적이고 즐겁다고 생각하는 활동 외에도, 친구를 돕거나 건강을 개선하는 등 가치 있다고 느끼는 활동도 적어 보세요. 또한 즉각적인 즐거움이나 보상을 가져다주지는 않겠지만 그 활동을 했을 때 숙달감(또는 그 외 다른 긍정적인 정서)을 불러일으키는 활동을 포함해야 합니다.

긍정적인 활동을 열거할 때, 당신이 마지막으로 그 활동을 한 것이 언제인지, 그리고 왜 지금은 그 활동을 하지 않고 있는지 생각해 보세요. 그런 다음 당신이 생각하기에 그 활동을 완료하기에 난이도가 어떠한지를 평가합니다(0 = 쉬움, 10 = 가장 어려움). 당신이 보다 더 하기 쉽다고 여기는 활동으로 시작하기 바랍니다.

다양한 활동을 목록에 포함하는 것이 중요하며, 어떤 활동은 다른 사람과 함께해야 할 수도 있습니다. 활동에 소요되는 시간을 고려할 때, 일부 활동은 지속 시간이 짧아야 하고, 일부 활동은 소요 시간이 길어야 합니다. 예를 들어, 좋아하는 음식을 먹는 것은 긍정적인 활동이 될 수 있지만 친구와 오후를 보내는 것보다는 긍정적인 정서를 덜 유발할 수 있습니다. [그림 5-2]는 조이가 작성한 나의 긍정적 활동 목록의 예시이며 [그림 5-3]은 펠릭스의 목록입니다.

> '기분이 나아지는' 행동 또는 즐거운 활동은 긍정적인 생각과 정서로 이어지기 때문에 정신 건강과 신체적인 건강을 촉진합니다.

나의 긍정적 활동 목록

(1) 당신이 최근에 찾은 즐거운 활동이나, 예전에 즐겨 했거나 또는 즐거움을 느낄 수 있을 것이라고 생각하는 활동, (2) 당신의 삶에 가치를 느끼게 해 주는 활동, (3) 즉각적인 즐거움은 없더라도 그 활동을 마치고 나면 숙달감(또는 다른 긍정적 정서)을 느끼게 하는 활동을 기록하세요. 활동 목록을 작성한 뒤에, 당신이 느끼기에 각 활동을 완료하는 것이 어렵게 느껴지는 정도를 평가해 보세요(0 = 쉬움, 10 = 아주 어려움).

활동	난이도(0~10)
1. 딸과 저녁 식사하기	6
2. 저녁 노을 보기	2
3. 달리기 하기	4
4. 내가 좋아하는 영화 보기	3
5. 이웃 돕기	9
6. 친구와 커피 마시기	7
7. 요가 클래스 참가해 보기	10
8. 집 청소하기	6
9. 업무 마감기한 지키기	8
10. 저녁 식사에 친구 초대하기	7

┃ 그림 5-2 ┃ 조이가 완성한 '나의 긍정적 활동 목록' 활동지

나의 긍정적 활동 목록

(1) 당신이 최근에 찾은 즐거운 활동이나, 예전에 즐겨 했거나 또는 즐거움을 느낄 수 있을 것이라고 생각하는 활동, (2) 당신의 삶에 가치를 느끼게 해 주는 활동, (3) 즉각적인 즐거움은 없더라도 그 활동을 마치고 나면 숙달감(또는 다른 긍정적 정서)을 느끼게 하는 활동을 기록하세요. 활동 목록을 작성한 뒤에, 당신이 느끼기에 각 활동을 완료하는 것이 어렵게 느껴지는 정도를 평가해 보세요(0 = 쉬움, 10 = 아주 어려움).

활동	난이도(0~10)
1. 친구에게 전화하기	6
2. 비디오 게임하기	2
3. 교회에서 자원봉사하기	10
4. 피트니스 센터 가기	8
5. 아침 산책하기	6
6. 취업 지원서 내기	9
7. 친구와 저녁 먹기	8
8. 나가서 신선한 공기 마시기	3
9. 식료품 사러 가기	5
10. 새로운 동네 탐험하기	7

∥ 그림 5-3 ∥ 펠릭스가 완성한 '나의 긍정적 활동 목록' 활동지

활동 5-4   나의 긍정적 활동 목록

(1) 당신이 최근에 찾은 즐거운 활동이나, 예전에 즐겨 했거나, 또는 즐거움을 느낄 수 있을 것이라고 생각하는 활동, (2) 당신의 삶에 가치를 느끼게 해 주는 활동, (3) 즉각적인 즐거움은 없더라도 그 활동을 마치고 나면 숙달감(또는 다른 긍정적 정서)을 느끼게 하는 활동을 기록하세요. 활동 목록을 작성한 뒤에, 당신이 느끼기에 각 활동을 완료하는 것이 어렵게 느껴지는 정도를 평가해 보세요. (0 = 쉬움, 10 = 아주 어려움)

활동	난이도(0~10)
1.	
2.	
3.	
4.	
5.	
6.	
7.	
8.	
9.	
10.	

긍정적 활동 설계하기에 대한 문제 해결

◉ **긍정적 활동 목록의 예시 중에 제가 관심 가는 활동이 하나도 없다면 어떻게 해야 하나요?**

활동 5-2 긍정적 활동 목록에 있는 예제 중 당신의 흥미를 끄는 것이 하나도 없다는 생각이 들 수 있습니다. 이것은 무쾌감증의 증상일 가능성이 높습니다. 연구에 따르면 목록에 제안된 활동이나 자신이 선택한 활동을 수행하는 것이 긍정적인 정서를 유발할 수 있다고 합니다. 비록 목록에 있는 활동들이 긍정적인 정서를 일으킬 것이라고 믿기 어려울 수 있지만, 실제로는 긍정적인 정서가 일어날 가능성이 높습니다. 따라서 적어도 한 가지 활동을 시도하여 그 활동을 하기 전이나, 활동을 하는 중에, 또는 활동을 완료한 이후에 긍정적인 정서가 발생하는지 관찰해 보는 것이 좋습니다. 만일 당신이 정한 활동에서 긍정적인 정서가 일어나지 않는다면 몇 가지 다른 활동을 시도해 봅시다.

4. 긍정적 활동 실천하기

당신은 **나의 긍정적 활동 목록**(**활동 5-4**)과 **일상 활동 및 기분 기록**(**활동 5-1**)을 완료했습니다. 잘하셨습니다! 지난주에 긍정적 활동을 얼마나 하셨나요? 긍정적 활동을 얼마나 즐기셨나요? 그 활동들이 당신의 기분을 나아지게 했나요?

앞의 질문에 대해 당신이 답한 내용은 다음 기술인 **긍정적 활동 실천하기**에 사용할 것입니다(**활동 5-5** 참조). 이 기술을 사용하여 다음 몇 주 동안 당신의 일상에 보람 있는 활동들을 점점 더 많이 도입해 볼 것입니다. 여기에는 **일상 활동 및 기분 기록**에 나열된 활동과 같이 이미 당신이 하고 있는 활동이나, 당신이 과거에 즐겼거나, 시도하고 싶은 활동들을 포함할 수 있습니다. 이와 더불어 앞서 언급한 바와 같이, 지금 당장은 보람이 느껴지지 않지만(집 청소하기나 마감기한 지키기 같은 활동), 그것을 완수했을 때 당신에게 숙달감, 주인의식, 또는 성취감을 주는 활동들도 포함시키는 것이 중요합니다.

다음은 조이의 사례입니다([그림 5-4]).

조이는 처음에는 현재 자신이 즐기는 활동이 무엇인지 떠올리기 어려웠습니다. 고민 끝에 그녀는 자신이 친구들과 시간을 보내는 것을 그리워한다는 것을 깨달았고, 친구 샘(Sam)을 저녁 식사에 초대하기로 결정했습니다('관계' 및 '여가' 범주). 조이는 활동을 더 쉽게 진행하기 위해 필요한 단계들을 적었습니다. 첫 번째 단계로 '샘에게 전화를 걸어 시간 조율하기'라고 적었고, 그다음 단계로 '레시피 찾기'라고 썼고, 그다음 단계에는 '음식 준비하기'와 '요리하기'라고 썼습니다. 또한 조이는 그 활동을 얼마나 자주 할 것인지(이번 주에 한 번), 요일/시기(금요일 저녁), 누가 참여할 것인지(샘)를 적었습니다. 조이는 샘과의 저녁 식사 전후의 기분을 기록했습니다(예: 활동 전 정서—10점 만점에 3점, 활동 후 정서—10점 만점에 8점). 조이는 기분이 좋아지고, 생기를 느꼈으며, 유대감과 자부심을 느꼈습니다.

긍정적 활동 계획하기

당신이 작성했던 '긍정적 활동 목록'에서, 이번 주에 실행할 수 있는 새로운 활동 한 개를 선택해 보고, 다음 '활동' 칸에 적으세요. 그 활동이 어떤 영역(예: 관계, 일, 건강, 여가, 영성, 기타)에 속하는지를 체크하세요. 만일 그 활동을 완료하는 데 몇 가지 단계가 필요하다면, 각 단계들을 다음 '활동 완료 방법' 칸에 적어 보세요. 각 단계의 난이도를 0~10점 범위에서 평가해 봅시다(0 = 거의 어렵지 않음, 10 = 아주 어려움). 그런 다음, 한 주에 몇 번/주중 어느날/하루 중 몇 시에/소요 시간/그 활동을 함께할 사람을 적어 보세요. 그다음, 한 주 동안 선택한 활동을 실천하면서 활동 전과 후에 당신의 기분을 0~10점 범위에서 평가하여 기록합니다(0 = 아주 낮은 긍정정서, 10 = 아주 높은 긍정정서). 그리고 활동을 하기 전이나 하는 중에, 또는 활동을 마친 뒤에 어떤 것이든 긍정적인 정서를 느꼈다면 그것을 기록하세요.

활동	활동 완료 방법	
	단계	난이도(0~10)
저녁 식사에 친구 초대하기	1. 샘에게 전화하기	6
	2. 레시피 찾기	3
	3. 음식 준비하기	5
영역	4. 요리하기	8
	5. 샘 맞이하기	6
☑ 관계 ☑ 여가	6.	
☐ 일 ☐ 영성	7.	
☐ 건강 ☐ 기타	8.	

나는 이번 주에 (① 1)번, (② 금)요일, (③ 저녁)에, (④ 2시간) 동안 (⑤ 샘)와/과 함께 이 활동을 완료할 것이다.

※① 횟수 ② 요일 ③ 시기(예: 아침, 오후, 저녁) ④ 소요 시간(예: 몇 초, 몇 분) ⑤ 상대의 이름 또는 관계

과제	활동 전 정서(0~10)	활동 후 정서(0~10)	긍정적인 정서
1	3	8	유대감, 자부심, 즐거움
2			
3			
4			
5			
6			
7			

| 그림 5-4 | 조이가 완성한 '긍정적 활동 계획하기' 활동지

참조: 조이는 긍정적 활동을 일주일에 한 번만 했기 때문에 기분을 한 번만 기록하였습니다.
달리기처럼 일주일에 여러 번 하는 활동의 경우에는 할 때마다 기분을 평가합니다([그림 5-5] 참고).

다음은 펠릭스의 사례입니다([그림 5-5]).

펠릭스는 자신이 즐기던 활동들이 무엇이었는지 생각하기 시작했습니다. 그는 산책을 좋아했던 것을 떠올렸고 매일 아침 15분씩 산책하기로 결정했습니다('건강' 및 '여가' 범주). 활동을 완료하는 데 필요한 단계는 '오전 8시 30분에 알람 맞추기' '음악 재생 목록 찾기' '커피 한잔 마시기' '운동복 입기'였습니다. 펠릭스는 매일 걷기 전과 후의 기분을 긍정적 활동 계획하기 활동지에 기록했고(예: 활동 전 정서−10점 만점에 3점, 활동 후 정서−10점 만점에 5점) 자신의 기분이 좋아졌다는 것을 확인했습니다. 또한 그는 자신이 성취감과 활력을 느낀다는 것을 알아차렸습니다.

긍정적 활동 계획하기

당신이 작성했던 '긍정적 활동 목록'에서, 이번 주에 실행할 수 있는 새로운 활동 한 개를 선택해 보고, 다음 '활동' 칸에 적으세요. 그 활동이 어떤 영역(예: 관계, 일, 건강, 여가, 영성, 기타)에 속하는지를 체크하세요. 만일 그 활동을 완료하는 데 몇 가지 단계가 필요하다면, 각 단계들을 다음 '활동 완료 방법' 칸에 적어 보세요. 각 단계의 난이도를 0~10점 범위에서 평가해 봅시다(0 = 거의 어렵지 않음, 10 = 아주 어려움). 그런 다음, 한 주에 몇 번/주중 어느 날/하루 중 몇 시에/소요 시간/그 활동을 함께할 사람을 적어 보세요. 그다음, 한 주 동안 선택한 활동을 실천하면서 활동 전과 후에 당신의 기분을 0~10점 범위에서 평가하여 기록합니다(0 = 아주 낮은 긍정정서, 10 = 아주 높은 긍정정서). 그리고 활동을 하기 전이나 하는 중에, 또는 활동을 마친 뒤에 어떤 것이든 긍정적인 정서를 느꼈다면 그것을 기록하세요.

활동	활동 완료 방법	
	단계	난이도(0~10)
15분 산책하기	1. 오전 8시 30분에 알람 맞추기	6
	2. 음악 재생 목록 찾기	2
	3. 커피 한잔 마시기	2
영역	4. 운동복 입기	4
	5. 산책 나가기	8
☐ 관계 ☑ 여가	6.	
☐ 일 ☐ 영성	7.	
☑ 건강 ☐ 기타	8.	

나는 이번 주에 (① 7)번, (② 매일)요일, (③ 아침)에, (④ 15분) 동안 (⑤ 혼자)와/과 함께 이 활동을 완료할 것이다.
※ ① 횟수 ② 요일 ③ 시기(예: 아침, 오후, 저녁) ④ 소요 시간(예: 몇 초, 몇 분) ⑤ 상대의 이름 또는 관계

과제	활동 전 정서(0~10)	활동 후 정서(0~10)	긍정적인 정서
1	3	5	성취감
2	1	4	희망
3	2	6	활력
4	4	5	자부심
5	3	7	기운이 나는 느낌
6	5	6	강한 느낌
7	2	5	상쾌함

Ⅰ 그림 5-5 Ⅰ 펠릭스가 완성한 '긍정적 활동 계획하기' 활동지

활동 5-5　긍정적 활동 계획하기

이제 즐거움을 느낄 시간입니다! **나의 긍정적 활동 목록**(활동 5-4)에서 활동을 선택하고 활동 5-5 **긍정적 활동 계획하기**에 기록해 둡니다. 어떤 활동은 실행하려면 여러 단계가 필요합니다. 여러 개 활동을 한꺼번에 나열하는 대신 활동 5-5에 각 단계를 적어 봅니다. 각 활동별로 활동 5-5를 한 장씩 사용합니다. 활동지는 책에서 여러 장 복사하여 사용하면 됩니다.

필요한 단계를 나누어 작성하면 활동을 더 쉽게 실천할 수 있습니다. 재미있는 활동도 때로는 약간의 계획과 노력이 필요합니다. 처음에는 보다 쉬운 활동으로 시작하고, 발생할 수 있는 장애물을 미리 예상하면 계획을 완수할 확률이 높아집니다. 마지막으로, 활동이 어느 범주(예: 관계, 일, 건강)에 해당하는지 체크하세요. 만일 당신이 택한 활동의 대부분이 한 가지 범주에만 속한다면 여러 범주의 활동들을 혼합해 보세요. 최소한 어느 정도는 관계 범주에 해당하는 활동을 하는 것이 좋습니다.

활동 전과 후에 기분을 0(가장 낮은 긍정정서)에서 10(가장 높은 긍정정서)까지 기록하세요. 그리고 활동 전, 활동 중, 또는 활동 후에 경험한 긍정적인 정서의 종류를 기록합니다. 제4장의 활동 4-2 **긍정정서 다이얼**을 다시 참조하면 됩니다.

이번 주 과제로 활동 5-4에서 3~5개의 새로운 활동을 선택하세요. 활동별로 한 장의 활동지를 사용하여, 가장 쉬운 활동으로 시작한 다음 점진적으로 난이도가 있는 활동을 시도해 보세요. 필요한 경우에는 활동을 여러 단계로 나누어 봅니다.

활동 5-5   긍정적 활동 계획하기

당신이 작성했던 '긍정적 활동 목록'에서 이번 주에 실행할 수 있는 새로운 활동 한 개를 선택해 보고, 다음 '활동' 칸에 적으세요. 그 활동이 어떤 영역(예: 관계, 일, 건강, 여가, 영성, 기타)에 속하는지를 체크하세요. 만일 그 활동을 완료하는 데 몇 가지 단계가 필요하다면, 각 단계들을 다음 '활동 완료 방법' 칸에 적어 보세요. 각 단계의 난이도를 0~10점 범위에서 평가해 봅시다(0 = 거의 어렵지 않음, 10 = 아주 어려움). 그런 다음, 한 주에 몇 번/주중 어느 날/하루 중 몇 시에/소요 시간/그 활동을 함께할 사람을 작성해 보세요. 그다음, 한 주 동안 선택한 활동을 실천하면서 활동 전과 후에 당신의 기분을 0~10점 범위에서 평가하여 기록합니다(0 = 아주 낮은 긍정정서, 10 = 아주 높은 긍정정서). 그리고 활동을 하기 전이나 하는 중에, 또는 활동을 마친 뒤에 어떤 것이든 긍정적인 정서를 느꼈다면 그것을 기록하세요.

활동	활동 완료 방법	
	단계	난이도(0~10)
	1. _____	_____
	2. _____	_____
	3. _____	_____
영역	4. _____	_____
	5. _____	_____
☐ 관계 ☐ 여가	6. _____	_____
☐ 일 ☐ 영성	7. _____	_____
☐ 건강 ☐ 기타	8. _____	_____

나는 이번 주에 (① _____)번, (② _____)요일, (③ _____)에, (④ _____) 동안
(⑤ _____)와/과 함께 이 활동을 완료할 것이다.

※ ① 횟수 ② 요일 ③ 시기(예: 아침, 오후, 저녁) ④ 소요 시간(예: 몇 초, 몇 분) ⑤ 상대의 이름 또는 관계

과제	활동 전 정서(0~10)	활동 후 정서(0~10)	긍정적인 정서
1	_____	_____	_____
2	_____	_____	_____
3	_____	_____	_____
4	_____	_____	_____
5	_____	_____	_____
6	_____	_____	_____
7	_____	_____	_____

긍정적 활동 실천하기에 대한 문제 해결

◉ 이것을 하고 싶은 마음이 들지 않는다면 어떻게 해야 하나요?

동기 부족은 무쾌감증의 증상일 뿐만 아니라 불안, 우울 및 스트레스의 증상이기도 하다는 것을 기억하십시오. 만약 당신이 긍정적인 활동을 하고 싶다고 느낀다면, 당신은 이미 그 활동을 하고 있을 것입니다! 불행하게도 우리가 활동을 하지 않을수록 활동을 시도하기가 더 어려워집니다. 관성 제1법칙을 기억하시나요? 아무것도 하지 않는 상태를 유지하면 활동적으로 되기가 훨씬 더 어렵습니다! 바로 이것이 달리기를 시작하는 것보다 계속 달리는 것이 더 쉬운 이유입니다. "될 때까지 그런 척하라(Fake it until you make it)"라는 말을 들어 본 적이 있나요? 이 말에는 중요한 사실이 담겨 있습니다. 하고 싶은 의욕이 없거나 하고 싶지 않은 일을 하는 것이 당신의 기분을 좋게 하는 가장 좋은 방법입니다.

◉ 저는 긍정적인 일을 할 만한 시간이 없어요.

이해합니다. 무쾌감증을 겪는 많은 사람이 바로 이 문제로 어려움을 겪습니다. 이렇게 해 봅시다. 우선 긍정적인 일에 대해 당신의 마음에 떠오르는 장벽을 기록해 보세요. 그러고 나서, 그 장벽이 다음 중 하나와 일치하는지 확인해 보세요.

1. "이건 너무 어렵다"

활동이 너무 어렵다는 것이 장벽이라면 활동을 더 작고 관리하기 쉬운 단계로 나눕니다. 또는 먼저 더 간단한 활동을 선택하여 시작하십시오.

2. "이건 너무 두렵다"

그 활동이 즐겁지 않을 것이라는 두려움이 장벽이라면, 그 두려움을 뒷받침할 증거가 있는지 스스로에게 물어보세요. 증거가 없다면, 그 활동이 즐거울지 시험해 볼 의향이 있는지 스스로에게 물어보세요. 활동에 참여하기 전과 후의 기분을 알아차려 보세요.

3. "이건 내 기분을 개선해 주지 않는다"

과거에 시도했던 활동이 당신의 기분을 좋게 하지 못했다는 증거가 있다면, (1) 다른 활동을 선택하거나, (2) 그 활동이 즐겁지 않았던 이유가 무엇인지 생각해 보거나, (3) 그 활동이 얼마나 즐거운지 다시 시험해 볼 의향이 있는지 생각해 보세요.

4. "이걸 하기에는 동기가 없다"

동기가 부족한 것이 문제라면 긍정적인 활동 계획하기가 기분을 개선하는 데 도움되는 이유를 스스로에게 상기시켜 보세요. 다음과 같은 질문을 해 보세요. '내가 즐겁다고 생각하는 일을 하는 것이 어떤 유익이 있는가?' '즐거운 활동을 하지 않는 것이 나에게 어떤 유익을 주었는가?' 긍정적인 활동을 시도하는 것의 장단점 목록을 만들어 보세요.

〈계속〉

5. "이것을 해 보니 기분이 나아지지 않는다"

활동 중에 당신의 마음이 산만해지거나 쉽게 주의가 분산되는지 주목해 보세요. 만약 그렇다면, 긍정적인 결과를 눈치채지 못할 가능성이 높습니다. 긍정적인 활동 중에 '순간에 머무르기'(즉, 마음챙김)를 시도해 보세요. 그리고 너무 자신에게 엄격하지 않도록 해 보세요. 자신에게 자비로운 마음을 가지고, 행동을 바꾸는 것은 어렵고 시간과 연습이 필요하다는 것을 스스로에게 상기시켜 주세요.

5. 순간을 향유하기

　지금까지는 긍정적 기분 시스템 중에서 '원함'과 '좋아함'을 개선하는 데 집중해 왔습니다. 다음 단계에서는 '학습'도 개선하고자 합니다. 이것은 무엇을 의미할까요? 그리고 어떻게 하면 될까요? 예를 들어, 당신이 정한 긍정적인 활동이 딸을 방문하는 것이라고 상상해 보세요. 지시에 따라 당신은 딸에게 전화를 걸어 날짜를 정하고, 항공편과 호텔을 예약하고, 멋진 식사를 예약하고, 가방을 싸는 등 활동을 여러 단계로 나눴습니다. 그러고 나서 사건 전후의 기분을 평가하였고 당신은 긍정적인 기분이 증가하는 것을 느꼈습니다.

　타임 워프(time warp)를 해 봅시다! 머릿속으로 그 사건으로 되돌아가서, 특히 긍정적이고 보람 있었던 순간(예: 딸이 공항에 당신을 마중 나온 순간)에 집중하세요. 이 순간을 현재 시제로 이야기해 보세요! 그 순간을 적어 볼 수도 있고([그림 5-6] 참조) 혼잣말로 조용히 말해도 되고, 눈을 감고 소리 내어 말해도 됩니다. 이것을 녹음할 수도 있습니다. 현재 순간에 머물면서 당신이 경험하고 있는 것에 집중하도록 노력하세요. 이를 수행하는 좋은 방법은 당신의 감각 경험에 집중하는 것입니다. 무엇을 느끼셨나요? 무엇이 들리나요? 어떤 맛이 느껴지나요? 그 순간을 머릿속에 얼마나 생생하게 떠올렸나요? 우리는 이 활동을 '**순간을 향유하기**'라고 부릅니다.

　순간을 향유하기는 왜 중요할까요? 좋았던 경험을 향유하면 활동이나 사건을 더 깊이 인식할 수 있습니다. 또한 그 순간의 긍정적인 측면과 그때 당신이 느꼈던 정서 경험이 더욱 깊어지는데, 향유하지 않았더라면 무시하거나 잊혀졌을지도 모릅니다. 그 순간의 가장 긍정적인 측면을 기억해 내고 되새겨 봄으로써 당신은 긍정적인 측면을 다시 경험하게 되고 활동과 기분의 연관성에 대한 학습을 강화하게 됩니다. 결과적으로 이러한 학습은 부정적인 경험보다 긍정적인 경험에 대한 관심과 선호도를 증가시키며, 이 모든 것이 향후에 긍정적인 정서와 활동에 대한 참여를 촉진합니다.

순간을 향유하기

이번 주에 있었던 긍정적인 사건이나 활동을 떠올려 보고 기록하세요. 그 사건을 마음속에서 되새겨 보고, 당신이 본 것, 들은 것, 느낀 것, 생각한 것, 냄새, 맛을 생생히 그려 봅니다. 향유하기 활동 전과 후의 기분을 기록하세요 (0 = 아주 낮은 긍정정서, 10 = 아주 높은 긍정정서). 그리고 떠올린 장면의 생생한 정도를 기록하세요(10 = 아주 생생함). 이때 당신이 알아차린 긍정적인 정서와 기타 반응들(예: 생각, 신체적 감각들)을 어떠한 것이든 적어 봅시다.

사건	활동 전 기분 (0~10)	활동 후 기분 (0~10)	생생함 (0~10)	긍정적인 정서	반응(생각, 신체적 감각)
딸과 차에 있을 때	4	7	8	사랑, 자부심	미소 '나는 딸을 사랑해.'
친구와의 저녁 식사	2	4	6	유대감, 즐거움	웃음 '이 친구는 재밌어.'

┃ 그림 5-6 ┃ 조이가 완성한 '순간을 향유하기' 활동지

연구에 따르면 우리는 긍정적으로 강화된(자신에게 보람 있게 느껴지는) 일을 할 가능성이 더 높습니다. 보람 있는 일을 찾으려면 그 일을 반복해서 실천하고 보람 있는 일이 무엇인지 스스로에게 상기시켜야 합니다. 불행하게도 기분이 우울할 때, 우리의 뇌는 긍정적인 사건에서도 부정적인 측면에 집중하고 기억하는 경향이 있습니다. **순간을 향유하기** 연습을 통해 우리는 긍정적인 정서 경험을 심화시킬 수 있습니다. 따라서 '향유하기'를 통한 회상은 즐거운 순간을 음미하고 우리의 행동적인 성취와 기분을 더 강하게 연결시켜 줌으로써 장·단기 영향을 강화하는 데 도움이 됩니다. 우리는 자신이 했던 활동 중에서 어떤 것이 긍정적인 정서로 이어지는지에 대해 더 깊이 배우게 될 것입니다.

활동 5-6 순간을 향유하기

이제 당신 차례입니다! 한 주가 끝날 때마다, 당신이 했던 활동 중에서 한두 가지를 선택하고 활동 5-6을 완료하여 **순간을 향유하기**를 실천하세요. 활동지는 책에서 여러 장 복사하여 사용하세요. 이 활동지는 가능한 한 자세하게 작성해야 하며, 활동 중에 경험한 생각, 정서 및 신체적 감각을 포함해야 합니다. 눈을 감고 활동에 대해 먼저 생각하는 것이 좋습니다. 그런 다음 경험의 긍정적인 측면을 현재 시제로 자세히 묘사해 보세요. 반드시 다음 질문을 활용하세요.

- 긍정적인 정서를 경험하고 있다는 것을 어떻게 알았나요?
- 구체적으로 어떤 신체적 감각을 느꼈나요?
- 구체적으로 어떤 생각을 했나요?
- 어떤 긍정적인 정서를 경험했나요?
- 그 경험을 하기 전과 후의 기분은 어땠나요?
- 기분과 활동의 연관성에 대해서 무엇을 알게 되었나요?
- 그 경험을 되새기는 것이 당신의 기분에 어떤 영향을 미쳤나요?
- 그 경험을 작성한 뒤에 0점에서 10점까지의 점수 중 어느 정도 긍정적인 정서를 느꼈나요? 기분에 변화가 있었나요?

어떤 행동이 긍정적인 정서로 이어지는지에 대한 '학습'을 더욱 강화하기 위해서, 즐거운 활동을 한 후에는 틈틈이 **순간을 향유하기** 기술을 실천해 보길 권합니다.

활동 5-6   순간을 향유하기

이번 주에 있었던 긍정적인 사건이나 활동을 떠올려 보고 기록하세요. 그 사건을 마음속에서 되새겨 보고, 당신이 본 것, 들은 것, 느낀 것, 생각한 것, 냄새, 맛을 생생히 그려 봅니다. 향유하기 활동 전과 후의 기분을 기록하세요(0=아주 낮은 긍정정서, 10=아주 높은 긍정정서). 그리고 떠올린 장면의 생생한 정도를 기록하세요(10=아주 생생함). 이때 당신이 알아차린 긍정적인 정서와 기타 반응들(예: 생각, 신체적 감각들)을 어떠한 것이든 적어 봅시다.

사건	활동 전 기분 (0~10)	활동 후 기분 (0~10)	생생함 (0~10)	긍정적인 정서	반응 (생각, 신체적 감각)

순간을 향유하기에 대한 문제 해결

● 순간을 향유하기 기술이 어떤 도움이 되나요?

기억을 깊이 있게 되새겨 봄으로써 활동의 긍정적인 측면을 다시 경험하고, 활동과 기분의 연관성에 대한 학습을 강화합니다. 이렇게 하면 당신이 그 순간을 더 잘 기억하고 그 순간에 했던 활동에 관심을 더 많이 느끼는 데 도움이 될 것입니다.

● 저는 왜 그 순간에 머무르는 것이 어려울까요?

특히 과거나 미래에 대해 걱정하게 될 때 집중력을 유지하는 것이 어려울 수 있습니다. 요가나 명상과 마찬가지로, 그 순간에 머무르는 것은 어려울 수 있습니다. 처음에는 주의가 산만해지거나 약간의 좌절감을 느낄 수도 있습니다. 속도를 늦추고 자신이 느끼는 것을 생생하게 시각화해 보려고 노력하십시오. 현재 시제로 계속 이야기해 보고 **긍정정서 다이얼(활동 4-2)**에 제시된 긍정정서 단어를 최대한 많이 사용하세요. 의도적으로 미소를 짓거나, 눈을 감거나, 팔짱을 풀거나, 손을 벌리는 것이 도움이 될 수 있습니다. 이러한 보디랭귀지의 변화는 그 순간에 머물고 긍정적인 정서에 연결되는 데 도움이 될 수 있습니다. 다른 기술과 마찬가지로, 이 기술을 반복적으로 연습하다 보면 보다 능숙해질 것입니다. 긍정적인 경험이 당신에게 어떤 것을 느끼고, 생각하고, 행동하게 만드는지에 초점을 맞추세요. 그 경험을 자세히 묘사하려고 노력해 보세요. 자신이 긍정적인 정서를 경험하고 있다는 것을 어떻게 알 수 있는지 스스로에게 물어보세요.

제**6**장

긍정적인 것에
주의 기울이기

1. '긍정적인 것에 주의 기울이기'의 기능

두 번째 치료 기술 세트에서는 생각에 초점을 맞출 것입니다. 여기서 초점은 긍정적인 결과를 상상하고, 긍정적인 것을 알아차리고 감사하며, 행동이 어떻게 긍정적인 결과로 이어질 수 있는지 학습하는 능력을 키우는 것입니다. 제4장에서 논의한 기분 사이클을 기억하시나요? 행동, 생각, 정서는 모두 연결되어 있습니다. 지난 몇 주 동안 행동을 바꾸기 위해 노력했다면, 이제 당신의 생각에 집중할 때입니다! 상황에 대한 우리의 생각, 신념, 해석은 우리의 정서에 영향을 미칩니다. 다음의 예를 보겠습니다.

조이는 직장 상사로부터 면담하자는 이메일을 받았습니다. 조이는 이 이메일을 보고 상사가 (1) 그녀를 해고하거나, (2) 그녀를 칭찬하거나, (3) 그녀의 연봉을 인상하거나, (4) 그녀가 했던 일을 비판할 것이라고 해석합니다.

이 중에서 당신은 부정적인 해석을 선택하셨나요? 만일 그렇다고 해도 괜찮습니다. 당신의 마음은 오랜 시간 동안 부정적인 생각을 하는 것에 익숙해져 있었을 것입니다. 우리는 그것을 바꾸기 위해 노력할 것입니다.

앞서 제시한 해석별로 다음 중 어떤 정서가 뒤따라올 것인지 생각해 보세요.

자부심 / 불안 / 행복 / 분노

부정적인 해석이 부정적인 정서로 이어지고, 긍정적인 해석이 긍정적인 정서로 이어진다는 것을 눈치채셨나요? 이 기술 세트에서는 당신이 경험할 긍정적인 정서의 수를 늘리기 위해 긍정적인 방향으로 마음을 전환하기 시작할 것입니다.

다음에 배우는 기술 세트는 보다 균형 잡힌 방식으로 긍정적인 생각을 할 수 있게 합니다. 우리가 긍정적으로 생각할수록 더 긍정적인 정서를 느끼게 됩니다. 당신이 배우는 기술은 당신의 삶에 이미 존재하는 긍정적인 측면을 인식하는 데 도움이 될 것입니다.

2. '긍정적인 것에 주의 기울이기' 개관

어떤 사람들은 긍정적인 사건이 발생했을 때 그것을 알아차리고 인정하기 어려워합니다. 당신에게 좋은 일은 절대 일어나지 않는다고 생각해 본 적이 있나요? 긍정적인 사건이 일어났을 때 당신은 그것을 무시하나요? 아니면 알아차리지 못하기도 하나요? 예를 들어, 누군가가 당신을 칭찬하면 그건 진심이 아니라고 일축하나요? 아니면 자신의 성취를 무시하고 실패에 집중하나요? 이것이 당신의 특징이라는 생각이 든다면 당신은 긍정적인 면을 알아차리거나 인정하는 데 어려움이 있을 가능성이 큽니다.

어떤 사람들은 긍정적인 사건에 대한 주인의식을 갖는 데 어려움을 겪습니다. 긍정적인 결과가 나타난 것이 당신 자신이 뭔가를 기여해서 그런 것이 아니라, 다른 사람이나 또 다른 어떤 이유(예: 행운) 때문이었을 것이라고 생각하곤 하나요? 어쩌면 당신은 좋은 일이 일어나면 다른 사람이 뭔가 잘했기 때문이라고 믿을지도 모릅니다. 가장 최근에 긍정적인 사건에 대해 당신이 기여한 것을 인정받은 것은 언제였나요? 이 치료 프로그램은 당신이 긍정적인 것에 주의를 기울이고 그것에 대해 주인의식을 갖도록 도울 것입니다.

당신은 미래에 긍정적인 사건이 발생할 것이라고 상상하거나 예상하지 못할 수도 있습니다. 이런 경향은 무쾌감증이 있는 사람에게 더 자주 나타납니다. 당신은 대체로 미래에 부정적인 일들이 일어날 거라고 상상하나요? 그런 상상이 당신에게 어떤 정서를 느끼게 하나요?

이러한 문제들을 다루기 위해서, 당신에게 일어난 사건에서 긍정적인 것을 알아차리고 인정하고(**긍정적인 면 찾기** 기술과 **주인의식 갖기** 기술 사용), 당신의 노력과 긍정적인 결과의 연관성을 배우는 연습을 할 것입니다(**주인의식 갖기** 기술 사용). 그리고 미래에 일어날 좋은 일들을 상상하는 연습을 하게 될 것입니다(**긍정적인 상상하기** 기술 사용).

우리의 뇌는 근육과 같습니다. 우리가 그것을 더 많이 사용할수록, 특정한 기능을 점점 더 잘하게 됩니다. 이것은 우리가 특정한 일을 하도록 뇌를 훈련하고 강화할 수 있음을 의미합니다. 이 기술 세트를 익히는 동안 당신은 긍정적인 것에 주의를 기울이도록 마음을 훈련하기 시작할 것입니다.

근육은 어떻게 강화할까요? 그렇습니다. 운동이지요! 운동은 일종의 실천입니다. 하면 할수록 근육이 강해집니다. 일 년에 한 번만 역기를 들면 근육이 더 강해질까요? 한 달에 한 번? 일주일에 한 번? 매일은 어떨까요? 긍정적인 면에 주의를 기울이도록 뇌를 훈련하고 싶다면 일주일에 여러 번 연습해야 합니다.

긍정적인 면에 주의를 기울이려면 어떻게 해야 할까요? 무쾌감증을 겪는 사람들이 빠지기 쉬운 생각의 함정에 대한 몇 가지 기본적인 내용을 알아본 후, 긍정적인 방향으로 주의를 돌리는 데 도움이 되는 세 가지 전략을 배우게 될 것입니다.

- 무쾌감증을 겪는 사람들이 보이는 흔한 생각의 함정은 긍정적인 면이 존재할 때 이를 인식하지 못하는 것입니다. 따라서 당신은 사건에서 긍정적인 면을 찾는 방법을 배우게 될 것입니다. 즉, 과거에 일어났던 일이나 현재 상황에서 적어도 하나의 긍정적인 측면을 찾아내는 연습을 하게 될 것입니다.
- 또 다른 흔한 생각의 함정은 긍정적인 사건에 대한 주인의식을 갖지 않는 것입니다. 여러분은 어떤 일이 잘 진행될 수 있도록 자신이 기여한 것들을 나열하는 연습을 하게 될 것입니다.
- 세 번째 생각의 함정은 미래에 부정적인 일들이 펼쳐질 것이라고 가정하는 것입니다. 이를 해결하기 위해 미래 사건을 더 긍정적으로 상상하는 연습을 하게 될 것입니다.

무쾌감증을 겪는 일부 사람들은 긍정적인 것에 너무 집중하면 부정적인 일을 대비할 수 없다고 믿습니다. 이 프로그램은 부정적인 생각을 직접적인 표적으로 삼지는 않지만, 우리가 수행한 연구에 따르면 긍정적인 생각을 강화함으로써 간접적으로 부정적인 문제를 보다 더 잘 다룰 수 있게 되는 것으로 나타났습니다.

이와 더불어, 이 치료에서는 미래를 계획하는 것이 중요하다는 것을 강조합니다. 그러나 미래에 대한 생각이 걱정으로 바뀌고, 걱정이 미래에 대한 균형 잡힌 관점을 갖지 못하게 방해한다면 그것은 문제가 됩니다. 긍정정서치료 프로그램에서는 보다 긍정적으로 생각할 수 있는 근육을 키워서 전반적으로 부정적인 생각 대신에 균형 잡힌 생각을 할 수 있도록 합니다.

3. 긍정적인 면 찾기

"모든 구름 뒤에는 한 줄기 빛이 있다(Every cloud has a silver lining)."라는 말은 모든 상황에 긍정적인 것이 있음을 암시합니다. 대부분의 상황에 긍정적인 면이 있다고 믿는 것은 어떤 사람들에게는 너무 낙관적이고 비현실적인 것으로 느껴질 수 있는데, 무쾌감증을 겪는 사람들은 흔히 이렇게 생각합니다. 친숙하지 않은 것은 처음에는 낯설게 느껴지는 경우가 많고, 평상시와는 다른 새로운 사고방식이 도움이 된다고 믿기 어려울 수 있습니다. 그러나 이 새로운 사고방식은 연습을 하다 보면 더 자연스러워질 것이고 오래된 생각의 함정(예: 긍정적인 것을 알아차리기 어려움)이 줄어들 것입니다.

> 어떤 사건이나 일상에서 긍정적인 면을 **알아차리고 인정하는 것**은 긍정적인 정서를 증가시킵니다.

긍정적인 면 찾기는 주어진 사건에서 긍정적인 측면을 적어도 한 가지라도 발견하는 것을 의미합니다. 긍정적인 면을 인식하기 시작함으로써 우리의 뇌는 대부분의 사건에 긍정적인 면이 있고, 일부 사건은 긍정적인 면이 상당히 많을 수도 있다는 사실을 학습하게 됩니다.

우리는 긍정성 근육을 키우고 있기 때문에 각 활동에서 하나 이상의 긍정적인 면을 찾아보게 될 것입니다(활동 6-1 **긍정적인 면 찾기** 참조). 이것은 기술을 강화하는 부분입니다. 근육을 강화할 때와 마찬가지로, 학습 단계에서는 긍정적인 면에 집중하는 연습을 더 많이 해야 합니다. 이는 근력을 키우려고 할 때 더 자주, 더 격렬하게 운동해야 하는 것과 같습니다. 그러나 일단 근력이 확립되면 그렇게 격렬한 운동 프로그램을 유지할 필요가 없습니다.

다음은 펠릭스의 사례입니다.

어제 펠릭스의 친구 바비(Bobbi)는 펠릭스의 이력서 작성을 도와주었습니다. 이력서 작성은 펠릭스가 숙달감을 향상시키기 위해 정한 활동 중 하나였습니다. 펠릭스가 작성한 이력서에는 바비가 수정사항으로 적은 빨간펜으로 가득 차 있었고, 그들은 한 시간 동안 이력서 형식과 내용을 검토했습니다. 펠릭스는 이 사건에서 긍정적인 면이 무엇이라고 생각할까요? 다시 말해, 이 사건의 긍정적인 측면은 무엇일까요? 다음은 몇 가지 가능한 답변입니다.

- 펠릭스는 이제 이력서를 더 잘 작성할 수 있는 방법을 알게 되었습니다.
- 그는 친구와 생산적인 대화를 했습니다.
- 바비는 피드백을 주기 위해 시간을 내었고, 이것은 바비가 펠릭스의 성공을 바란다는 것을 의미합니다.
- 펠릭스는 이제 입사지원서 제출에 한 단계 더 근접하게 되었습니다.
- 펠릭스의 기분이 나아졌고, 시간을 알차게 보냈다는 생각이 들었고 자부심을 느꼈습니다.

[그림 6-1]은 펠릭스가 완성한 **긍정적인 면 찾기** 활동지입니다.

긍정적인 면 찾기
이 활동을 진행하는 날짜를 적습니다. 그런 다음, 긍정적인 상황, 부정적인 상황, 또는 중립적인 상황을 한 가지 선택해 보고 '상황' 칸에 기록합니다. 그 상황에서 가능한 한 많이(최소 여섯 가지) 긍정적인 면을 찾아서, 다음 '긍정적인 면' 칸에 적어 봅시다. 긍정적인 면 찾기 활동을 하기 전과 후에 느낀 기분을 0~10점 사이로 평가하여 기록하세요(0 = 아주 낮은 긍정정서, 10 = 아주 높은 긍정정서). 그리고 이 활동을 하기 전이나 하는 중에, 혹은 활동을 마친 뒤에 느껴진 긍정적인 정서를 어떠한 것이든 적어 보세요. 이 활동을 하루에 한 번씩 완료해 보도록 합시다.

날짜	10월 10일, 오후 4시		
상황	내가 작성했던 이력서에 수정해야 할 부분들에 대해 피드백을 받았다.		
긍정적인 면	1. 나는 이제 이력서를 어떻게 작성해야 하는지 알고 있다.		
	2. 도움이 되는 대화였다.		
	3. 많은 것을 배웠다.		
	4. 바비는 나에게 피드백을 주기 위해 많은 시간을 내주었다.		
	5. 나는 이력서 형식을 어떻게 구성하는지 알게 되었다.		
	6. 취직에 한걸음 더 가까워졌다.		
활동 전 기분(0~10)	활동 후 기분(0~10)		긍정적인 정서
2	5		자부심, 생산적인 느낌

ㅣ그림 6-1ㅣ 펠릭스가 완성한 '긍정적인 면 찾기' 활동지

다음은 조이의 사례입니다.

 며칠 전, 조이와 남편은 친구 부부를 집으로 초대했습니다. 과거에 저녁 식사 파티를 주최하는 것을 정말 좋아했던 조이의 기분을 개선하기 위한 긍정적인 활동 중 하나였습니다. 그런데 이번에는 조이가 준비한 메인 요리가 너무 익었고, 이웃집에 모임이 있어서 밖이 너무 시끄러웠습니다. 조이는 그런 부정적인 요소에 집중하고 긍정적인 면을 완전히 무시할 수도 있었습니다. 조이는 이 사건에 어떤 긍정적인 면이 있다고 생각할까요? 다음은 몇 가지 가능한 답변입니다.

- 조이는 오랜 기간 만나지 못했던 친구들을 만났습니다.
- 조이는 새로운 조리법을 배웠으며, 나중에는 이 요리를 더 잘 만들 수 있을 것입니다.
- 조이의 친구들은 즐거워 보였고, 그녀도 마찬가지였습니다.
- 조이는 자신이 세운 목표를 달성하여 기분이 좋았습니다.

[그림 6-2]는 조이가 **긍정적인 면 찾기** 활동지를 완성한 것입니다.

긍정적인 면 찾기

이 활동을 진행하는 날짜를 적습니다. 그런 다음, 긍정적인 상황, 부정적인 상황, 또는 중립적인 상황을 한 가지 선택해 보고 '상황' 칸에 기록합니다. 그 상황에서 가능한 한 많이(최소 여섯 가지) 긍정적인 면을 찾아서, 다음 '긍정적인 면' 칸에 적어 봅시다. 긍정적인 면 찾기 활동을 하기 전과 후에 느낀 기분을 0~10점 사이로 평가하여 기록하세요(0 = 아주 낮은 긍정정서, 10 = 아주 높은 긍정정서). 그리고 이 활동을 하기 전이나 하는 중에, 혹은 활동을 마친 뒤에 느껴진 긍정적인 정서를 어떠한 것이든 적어 보세요. 이 활동을 하루에 한 번씩 완료해 보도록 합시다.

날짜	6월 14일, 오후 8시
상황	친구들을 저녁 식사에 초대했다. 그런데 메인 요리가 너무 익어 버렸다.
긍정적인 면	1. 한동안 못 봤던 친구들을 만날 수 있었다.
	2. 새로운 조리법을 배우게 되었다.
	3. 다음에 이 요리를 할 때는 실수하지 않고 만들 수 있다.
	4. 친구들이 즐거워 보였다.
	5. 나는 오랜만에 많이 웃었다.
	6. 친구들을 저녁에 초대한다는 목표를 달성했다.

활동 전 기분(0~10)	활동 후 기분(0~10)	긍정적인 정서
5	7	기쁨, 자부심, 유대감

▮ 그림 6-2 ▮ 조이가 완성한 '긍정적인 면 찾기' 활동지

활동 6-1 긍정적인 면 찾기

자, 이제 당신 차례입니다! 활동 6-1 **긍정적인 면 찾기**를 사용하여 한 주간 어떤 긍정적인 면을 발견했는지 작성합니다. 긍정적이거나, 중립적이거나, 부정적으로 느꼈던 상황을 선택하여 긍정적인 면을 찾으세요. 창의력을 발휘해 보세요. 당신이 생각한 긍정적인 면이 좀 우스워 보이고 사소해 보이는 것이라도 괜찮습니다. 이 활동의 목표는 부정적인 상황에서도 마음은 긍정적인 것을 찾도록 하는 것입니다. 우리는 당신의 뇌가 긍정적인 것을 찾도록 훈련되길 바랍니다. 최소한 여섯 가지를 찾으세요. 활동지는 책에서 여러 장 복사하여 사용합니다.

활동 6-1	긍정적인 면 찾기

이 활동을 진행하는 날짜를 적습니다. 그런 다음, 긍정적인 상황, 부정적인 상황, 또는 중립적인 상황을 한 가지 선택해 보고 '상황' 칸에 기록합니다. 그 상황에서 가능한 한 많이(최소 여섯 가지) 긍정적인 면을 찾아서, 다음 '긍정적인 면' 칸에 적어 봅시다. 긍정적인 면 찾기 활동을 하기 전과 후에 느낀 기분을 0~10점 사이로 평가하여 기록하세요(0 = 아주 낮은 긍정정서, 10 = 아주 높은 긍정정서). 그리고 이 활동을 하기 전이나 하는 중에, 혹은 활동을 마친 뒤에 느껴진 긍정적인 정서를 어떠한 것이든 적어 보세요. 이 활동을 하루에 한 번씩 완료해 보도록 합시다.

- 날짜:

- 상황:

- 긍정적인 면

  1.

  2.

  3.

  4.

  5.

  6.

활동 전 기분(0~10)	활동 후 기분(0~10)	긍정적인 정서

하루에 한 번씩 긍정적인 면 찾기 활동을 완료해 보세요. 상황(긍정적, 부정적, 중립적)을 정하고 그 상황에서 최소한 여섯 가지 긍정적인 측면을 찾으세요. 조이와 펠릭스의 사례에서처럼 앞에는 상황을 적고 다음에는 긍정적인 면을 기록하면 됩니다. 활동 4-2 **긍정정서 다이얼**을 사용하여 어떤 정서를 경험했는지 확인하여 기록하세요.

긍정적인 면 찾기에 대한 문제 해결

● 저는 긍정적인 것이 하나도 생각나지 않아요!

우선 깜짝 생일 파티나 화창한 날에 했던 산책처럼 본질적으로 긍정적인 사건부터 시작해 보세요. 좋았던 일에서 긍정적인 면을 찾아봅시다. 이것은 당신이 연습해야 할 기술이라는 것을 기억하세요. 중립적이거나 부정적인 사건보다는 긍정적인 사건으로 시작하면 이 기술을 실천하는 방법에 더 쉽게 익숙해질 수 있습니다. 당신이 긍정적인 면을 찾기 어렵다는 것은 당신이 이 기술을 연습해야 하는 이유이기도 합니다.

● 트라우마 사건에도 긍정적인 면이 있나요?

이 기술은 스트레스로 느껴지는 사건(예: 주요 자연재해, 질병 또는 실직)에 적용할 수 있습니다. 그러나 트라우마 사건과 같이 너무 끔찍했던 일은 긍정적인 면 찾기가 도움이 되지 않습니다. 트라우마에 대해 이야기하는 것은 정서적 고통이 너무 많이 유발될 수 있으며, 이 기술에서 다룰 수 있는 범위를 넘어서는 것입니다. 긍정적인 면을 찾는 것은 여러 스트레스를 회복하는 데 도움이 될 수 있지만, 이 기술을 트라우마에 적용하는 것은 전문가의 도움 없이는 탐색하기가 너무 어렵고 복잡할 수 있습니다. 이러한 이유로, 트라우마로 생각되는 사건에 이 기술을 적용하기 전에 우선 전문가의 도움을 받는 것이 좋습니다. 이 기술을 연습할 때는 트라우마 사건보다는 다른 사건에 초점을 맞추는 것이 좋습니다. 그렇긴 하지만, 어떤 사람들은 트라우마를 경험한 후에 놀라운 성장을 경험하기도 하는데, 이를 외상 후 성장이라고 합니다. 외상 후 성장을 경험하는 것은 긍정적인 면을 찾는 하나의 예가 될 수 있습니다.

4. 주인의식 갖기

다음으로 배우게 될 기술은 **주인의식 갖기**입니다. 삶에서 일어나는 긍정적인 사건에 대해 주인의식을 갖는 것은 그 사건이 존재한다는 것을 알아차리고 인정하는 것만큼이나 중요합니다. 긍정적인 사건을 인식하기 전에, 먼저 당신이 긍정적인 일에 영향을 미칠 수 있다는 점을 믿어야 합니다. 무쾌감증을 겪는 사람들은 때때로 긍정적인 사건에서 자신의 공헌을 인정하는 데 어려움을 겪습니다. **주인의식 갖기**를 통해 당신은 자신이 기여한 바를 인식하고 자부심, 숙달감, 행복, 호기심, 흥분, 성취감, 존중감, 낙관성과 같은 정서들을 경험하기 시작할 수 있습니다. 또한 이 기술은 당신의 행동과 긍정적인 결과의 연관성을 배우는 데 도움이 될 것입니다. 이 기술은 삶에서 더 많은 긍정성을 구축하는 방법에 대한 청사진입니다.

> 당신이 기여한 것에 대해 **주인의식을 가짐**으로써, 자부심, 숙달감, 흥분, 낙관적인 느낌 같은 긍정적인 정서들을 느낄 수 있게 될 것입니다.

다음은 조이의 사례입니다.

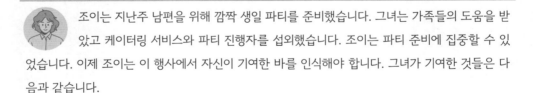

조이는 지난주 남편을 위해 깜짝 생일 파티를 준비했습니다. 그녀는 가족들의 도움을 받았고 케이터링 서비스와 파티 진행자를 섭외했습니다. 조이는 파티 준비에 집중할 수 있었습니다. 이제 조이는 이 행사에서 자신이 기여한 바를 인식해야 합니다. 그녀가 기여한 것들은 다음과 같습니다.

- 케이터링과 파티 진행자 섭외하기
- 남편의 친구들을 파티에 초대하기
- 남편이 도착하기 전까지 파티를 비밀로 유지하기

이 활동을 마친 후, 조이의 기분은 10점 만점 중 4점에서 7점으로 개선되었습니다. [그림 6-3]은 조이가 완성한 **주인의식 갖기** 활동지입니다.

주인의식 갖기

이 활동을 진행하는 날짜를 적습니다. 그런 다음, 긍정적인 상황 한 가지를 선택해 보고 '상황' 칸에 기록합니다. 그 상황에 대해서 당신이 기여한 부분을 가능한 한 많이(최소 여섯 가지) 찾아서, 다음 '내가 기여한 것' 칸에 적어 봅시다. 주인의식 갖기 활동을 하기 전과 후에 느껴진 기분을 0~10점 사이로 평가하여 기록하세요(0 = 아주 낮은 긍정정서, 10 = 아주 높은 긍정정서). 그리고 이 활동을 하기 전이나 하는 중에, 혹은 활동을 마친 뒤에 느껴진 긍정적인 정서를 어떠한 것이든 적어 보세요. 이 활동을 하루에 한 번씩 완료해 보도록 합시다.

날짜	6월 23일, 오후 2시
상황	남편의 깜짝 생일 파티
내가 기여한 것	1. 깜짝 생일 파티는 내 아이디어였다.
	2. 내가 파티를 계획하고 주도했다.
	3. 내가 행사에 필요한 모든 물품을 구했다.
	4. 내가 파티에 참석할 사람들을 초대했다.
	5. 남편에게 파티가 열린다는 비밀을 잘 지켰다.
	6. 아이들이 파티 준비를 도울 수 있게 알려 줬다.

활동 전 기분(0~10)	활동 후 기분(0~10)	긍정적인 정서
4	7	애정, 신남, 자부심

┃ 그림 6-3 ┃ 조이가 완성한 '주인의식 갖기' 활동지

활동 6-2 **주인의식 갖기**

　이번에는 당신 차례입니다! 활동 6-2 **주인의식 갖기**를 사용하여 지난주에 있었던 긍정적인 상황을 파악하고 그 상황에 당신이 기여한 모든 것을 생각해 보세요. 당신이 기여한 내용을 적어 본 후, 천천히 소리 내어 읽어 보세요. 그런 다음 당신이 찾은 기여한 점 각각에 잠시 머물러 보세요. 어떤 정서가 느껴지나요? 자부심, 성취감, 만족감, 낙관적인 느낌 같은 정서가 느껴지나요? 그리고 당신의 몸에서는 어떤 감각이 느껴지는지 알아차려 보세요. 예를 들어, 가벼워진 느낌, 흥분, 또는 따뜻함이 느껴지나요? 활동 4-2 **긍정정서 다이얼**에 나오는 정서 단어를 사용하여 당신이 느낀 정서를 확인하고 적어 보세요.

활동 6-2	주인의식 갖기

이 활동을 진행하는 날짜를 적습니다. 그런 다음, 긍정적인 상황 한 가지를 선택해 보고 '상황' 칸에 기록합니다. 그 상황에 대해서 당신이 기여한 부분을 가능한 한 많이(최소 여섯 가지) 찾아서, 다음 '내가 기여한 것' 칸에 적어 봅시다. 주인의식 갖기 활동을 하기 전과 후에 느껴진 기분을 0~10점 사이로 평가하여 기록하세요(0 = 아주 낮은 긍정정서, 10 = 아주 높은 긍정정서). 그리고 이 활동을 하기 전이나 하는 중에, 혹은 활동을 마친 뒤에 느껴진 긍정적인 정서를 어떠한 것이든 적어 보세요. 이 활동을 하루에 한 번씩 완료해 보도록 합시다.

- 날짜: _____

- 상황: _____

_____

_____

- 내가 기여한 것

1. _____

2. _____

3. _____

4. _____

5. _____

6. _____

활동 전 기분(0~10)	활동 후 기분(0~10)	긍정적인 정서

하루에 한 장씩 활동지를 완성해 보세요. 활동지는 책에서 여러 장 복사하여 사용합니다.

주인의식 갖기에 대한 문제 해결

◉ **제 삶에는 긍정적인 사건이 하나도 없어요.**

만일 자신의 삶에 긍정적 사건이 없다고 생각한다면, 당신이 작성했던 **긍정적 활동 계획하기** 활동지나 **긍정적인 면 찾기** 활동지를 다시 살펴봅시다. 당신이 완료했던 긍정적인 활동과 당신이 찾은 긍정적인 면은 이 기술에서 사용할 수 있는 긍정적인 상황 또는 사건입니다. 숙달감으로 이어지는 긍정적인 활동(예: 집 청소하기 또는 프로젝트 완료)은 당신이 기여한 부분을 찾기에 좋은 상황입니다! 즉, 당신은 이미 자신의 기분을 개선하기 위해 노력하고 있는 것입니다.

5. 긍정적인 상상하기

이제 당신은 미래 사건을 긍정적으로 예상함으로써 **긍정적인 것을 상상하는 기술**을 연마할 것입니다. 사건이 부정적으로 전개될 것이라고 상상하면 부정적인 기분이 들고, 이는 어떤 일을 하려는 동기를 감소시키며, 절망스럽고 실패할 것이라는 생각을 증가시킬 수 있습니다. 이와 마찬가지로, 사건이 긍정적으로 일어날 것이라고 상상하는 것은 긍정적인 활동에 더 참여할 수 있도록 당신의 기분과 동기를 향상시킬 것입니다.

> **긍정적인 사건이 미래에 일어날 것이라고 상상하면** 당신의 뇌가 긍정적인 사건을 예상하도록 훈련할 수 있습니다.

제5장의 긍정적인 활동 계획하기에 나오는 조이의 사례를 떠올려 봅시다. 조이의 활동은 친구 샘을 위해 저녁 식사를 준비하는 것이었습니다. 조이가 준비한 음식이 타 버렸거나, 친구가 약속 시간 직전에 취소하는 것과 같은 부정적인 결과만을 상상한다면 어떤 기분이었을지 생각해 보세요. 맞습니다! 조이는 계획한 것을 시작하기도 전에 불안감과 실패감을

느꼈을 것입니다. 부정적인 결과를 더 많이 상상하는 것이 조이의 행동에 어떤 영향을 미칠까요? 그녀는 아마도 동기가 떨어지고 끝까지 해낼 의욕이 없다고 느꼈을 것입니다. 어쩌면 그녀는 저녁 식사 약속을 그냥 취소했을 수도 있습니다.

　조이가 의도적으로 긍정적인 결과를 상상하는 데 초점을 맞춘다면 그녀의 동기, 생각, 정서는 어떻게 달라질까요? 그렇습니다! 그녀는 아마도 저녁 식사를 잘 준비할 수 있을 만큼 더 낙관적이고, 즐겁고, 활력이 생겼을 것입니다.

　계속해서 조이의 사례를 보겠습니다.

　조이는 친구 샘(Sam)을 위해 저녁 식사를 준비하기 전에, 의도적으로 저녁 식사의 긍정적인 결과를 상상하는 데 집중했습니다. 예를 들어, 식사 준비가 제시간에 끝났고, 식사가 훌륭하게 만들어졌으며, 날씨가 좋아서 정원에서 식사를 할 수 있을 것입니다(조이는 머릿속으로 사건의 나머지 부분을 계속 상상하거나 활동지에 예상한 바를 다 적어 봅니다). 긍정적인 상상하기 활동을 마친 뒤에 조이는 기분이 10점 만점에 5점에서 8점으로 올라가는 것을 느꼈습니다. 그녀는 이렇게 기분이 좋아진 이유가 긍정적인 상상하기를 가능한 한 생생하게 떠올려 보았고(10점 만점에 9점), 상상하는 도중에 발생하는 따뜻함, 자부심 및 유대감과 같은 긍정적인 정서를 알아차렸기 때문이라고 말했습니다.

[그림 6-4]는 조이가 작성한 **긍정적인 상상하기** 활동지입니다.

긍정적인 상상하기

미래에 일어날 수 있는 가능한 사건 한 가지를 선택하세요. 가능한 한 가장 좋은 결과로 그 사건을 설명하되, 그 일이 마치 지금 일어나고 있는 것처럼(현재 시제를 사용하여) 당신의 정서, 생각, 신체적 감각이 어떠한지 구체적으로 묘사하면서 적어 봅니다.

내 친구 샘이 도착하기 전 오후 5시인데 아직 화창하고 따뜻하다. 그러니 우리는 정원에서 꽃을 보며 저녁 식사를 할 수 있고, 최근에 내가 키우고 있는 허브도 보여 줄 수 있겠다. 나는 가슴이 두근거리고 입가에 웃음이 피어나고 있다는 게 느껴진다. 식사 준비는 이미 마친 상태라서 이제 라자냐를 오븐에 넣기만 하면 된다. 라자냐 냄새가 너무 좋다. 라자냐가 조금 타긴 했지만, 남편과 나는 라자냐 윗부분에 치즈가 바삭하게 익은 것을 좋아한다. 샘이 약간 늦게 도착하고, 따뜻한 미소를 지으며 나를 안았고, "와~ 라자냐 향이 너무 좋은데?" "네가 가꾼 정원 너무 멋지다."라며 칭찬한다. 내 얼굴에 웃음이 번진다.

이제 앞의 내용을 생생하게 상상해 보세요. 긍정적인 상상하기 활동 전과 후의 기분을 기록하고(0 = 아주 낮은 긍정정서, 10 = 아주 높은 긍정정서), 떠올린 장면의 생생한 정도를 기록하세요(10 = 아주 생생함). 그리고 당신이 경험한 긍정적인 정서를 어떠한 것이든 적어 봅시다. 하루에 한 번씩 이 활동을 해 봅시다.

활동 전 기분(0~10)	활동 후 기분(0~10)	생생함(0~10)	긍정적인 정서
5	8	9	따스함, 자부심, 유대감

∣ 그림 6-4 ∣ 조이가 완성한 '긍정적인 상상하기' 활동지

다음은 펠릭스의 사례입니다.

펠릭스는 친구 메이슨(Mason)에게 전화를 걸어 커피를 마시자고 하는 상상을 했습니다. 펠릭스는 상상하기 활동을 하는 동안 생각, 정서, 신체적 감각을 포함시켰습니다. 그 결과 더 생생한 장면을 상상할 수 있었고 기분이 10점 만점에 3점에서 5점으로 높아졌습니다.

[그림 6-5]는 펠릭스가 완성한 **긍정적인 상상하기** 활동지입니다.

긍정적인 상상하기

미래에 일어날 수 있는 가능한 사건 한 가지를 선택하세요. 가능한 한 가장 좋은 결과로 그 사건을 설명하되, 그 일이 마치 지금 일어나고 있는 것처럼(현재 시제를 사용하여) 당신의 정서, 생각, 신체적 감각이 어떠한지 구체적으로 묘사하면서 적어 봅니다.

나는 내 친구 메이슨에게 커피를 마시자고 하기 위해 전화를 걸려고 하자 가슴이 빠르게 뛴다는 게 느껴진다. 하지만 이것은 자연스러운 반응이고, 메이슨이 나를 좋아한다는 것을 나 자신에게 상기시킨다. 이러한 긍정적인 생각을 하자 메이슨에게 전화하기가 어렵지 않게 느껴진다. 메이슨은 신호가 몇 번 울리자 전화를 받고서는 "아~ 웬일이야! 네 목소리 들으니까 진짜 좋다."라고 답한다. 온몸의 근육이 편안하게 이완되는 게 느껴지면서 '내가 전화한 걸 이 친구가 기뻐하는구나.'라는 생각이 든다. 나는 그 친구에게 어떻게 지내는지 묻고, 내가 전화한 이유를 말한다. 내 목소리가 차분하기에 그 친구는 내가 지금 불안함을 느낀다는 것을 알아차리지 못하는 것 같다. 내가 커피를 마시자고 말하자 메이슨은 고마움을 표현한다. 그는 나에게 전화를 걸려고 했다고 말한다. 우리는 만날 약속을 구체적으로 상의한다.

이제 앞의 내용을 생생하게 상상해 보세요. 긍정적인 상상하기 활동 전과 후의 기분을 기록하고(0 = 아주 낮은 긍정정서, 10 = 아주 높은 긍정정서), 떠올린 장면의 생생한 정도를 기록하세요(10 = 아주 생생함). 그리고 당신이 경험한 긍정적인 정서를 어떠한 것이든 적어 봅시다. 하루에 한 번씩 이 활동을 해 봅시다.

활동 전 기분(0~10)	활동 후 기분(0~10)	생생함(0~10)	긍정적인 정서
3	5	6	안도감, 흥분

Ⅰ 그림 6-5 Ⅰ 펠릭스가 완성한 '긍정적인 상상하기' 활동

활동 6-3 긍정적인 상상하기

이제 당신 차례입니다! 활동 6-3 긍정적인 상상하기를 사용하여 시작하기 전에 우선 당신의 기분이 어떠한지 평가하세요. 내일 일어날 수 있는 한 가지 상황을 선택해 보세요. 예를 들어, 그 일은 직장이나 집에서, 또는 가족이나 친구와 함께 있을 때 일어날 수 있습니다. 상황을 선택했다면 그 상황이 실제로 일어난다고 상상해 보세요. 상상할 때는 그 상황이 전반적으로 긍정적인 것이어야 합니다.

상황을 가능한 한 자세하게, 그리고 실시간으로 진행되는 것처럼 상상해 보십시오. [글상자 6-1]에 제시된 시각화 대본을 사용합니다. 상황의 긍정적인 측면(시각, 소리, 감각, 느낌 및 정서)에 초점을 맞춰 단계별로 상황을 상상해 보세요. 즉, 당신의 관점에서(멀리서 관찰하는 것이 아니라) 상황이 마치 지금 눈앞에서 펼쳐지는 것처럼 상상하는 것입니다. 당신에게 보이는 것, 들리는 것, 느껴지는 것, 심지어 냄새나 느껴지는 맛을 구체적으로 상상하세요. 상세하게 떠올리는 것이 효과를 더욱 극대화합니다. 매일 한 번씩 상상하기를 완료해 보세요. 활동 4-2 긍정정서 다이얼에 나오는 정서 단어를 사용하여 당신이 느낀 정서가 무엇인지 찾아보고 기록하세요. 이 활동지는 책에서 복사하여 사용합니다.

글상자 6-1 **긍정적인 상상하기를 위한 시각화 대본**

발을 바닥에 편안하게 두고, 등을 똑바로 세우되 너무 뻣뻣하지 않게 하고, 손을 무릎에 올려 편안한 자세를 취하세요. 편안해지면 눈을 부드럽게 감거나 당신 앞에 편안히 시선을 두세요. 준비가 되었다면 당신 주변의 이미지를 떠올려 봅니다.

당신이 어디에 있는지 가능한 한 생생하게 상상하세요. 주위에 무엇이 보이는지 알아차려 보세요. 냄새…… 소리…… 온도…… 좋은 향기가 느껴지시나요? 자연의 소리나 다른 소음이 들리나요? 따뜻한가요? 아니면 시원한가요? 상쾌한 바람이 느껴지시나요? 잠시 시간을 내어 주변을 알아차려 보세요. (잠시 멈춤)

이제 미래의 그 순간에 자신의 몸으로 주의를 돌려 보세요. 몸에서 무엇이 느껴지시나요? 아드레날린이 솟구치는 것을 느끼시나요? 긴장이 사라지나요? 심장이 두근거리거나 얼굴에 미소가 떠오르고 있나요? (잠시 멈춤)

어떤 정서가 느껴지시나요? 흥분? 평화? 기쁨? 호기심? 자비로움? 흥미로움? 여러 긍정적인 정서 중에 하나를 떠올려 보고 그것이 당신의 몸에서 어떻게 느껴지는지 상상해 보세요. (잠시 멈춤)

이제 미래의 그 순간에 당신의 머릿속에 떠오른 생각이 무엇인지 알아차려 보세요. 어떻게 하면 더 긍정적인 생각으로 만들 수 있을까요? (잠시 멈춤)

활동지에 적어 놓은 사건을 천천히 살펴보기 시작하세요. 그 긍정적인 사건을 되짚어 보면서 긍정적인 생각, 정서, 신체감각을 주의 깊게 살펴보는 시간을 가지세요. (잠시 멈춤)

미래에 자신이 어떤 마음일지 알아차려 보세요. 미래의 당신이 어떤 정서를 느끼고 있을지…… 어떤 생각을 하고 있을지……. (몇 분 정도 시간을 준다) 준비가 되면 부드럽게 방으로 주의를 돌리면서 눈을 뜨세요.

긍정적인 상상하기 활동을 마칠 때마다, 그 장면이 실제로 일어나고 있는 것처럼 상상했을 때 어떤 느낌이 들었는지 생각해 보세요. 상상을 한 후에 기분이 좋아졌는지 확인해 봅시다. 긍정적인 상상하기 활동과 그 순간에 느끼는 긍정적인 정서가 어떻게 연결되는지 생각해 보세요. 심박수가 약간 빨라지는 것을 느낄 수도 있습니다. 또한 이 상상하기는 실제가 아니며 상상했던 결과가 실제로 일어나지 않을 거라는 부정적인 생각이 들 수도 있습니다. 여기서 목표는 상상하기를 통해 긍정적인 사건을 실제로 일어나게 하려는 것이 아니라는 점을 기억하세요. 그 대신 우리는 이 기술을 통해 긍정적인 사건을 예상하는 능력을 키우는

활동 6-3   긍정적인 상상하기

미래에 일어날 수 있는 가능한 사건 한 가지를 선택하세요. 가능한 한 가장 좋은 결과로 그 사건을 설명하되, 그 일이 마치 지금 일어나고 있는 것처럼(현재 시제를 사용하여) 당신의 정서, 생각, 신체적 감각이 어떠한지 구체적으로 묘사하면서 적어 봅니다.

이제 앞의 내용을 생생하게 상상해 보세요. 긍정적인 상상하기 활동 전과 후의 기분을 기록하고(0 = 아주 낮은 긍정정서, 10 = 아주 높은 긍정정서), 떠올린 장면의 생생한 정도를 기록하세요(10 = 아주 생생함). 그리고 당신이 경험한 긍정적인 정서를 어떠한 것이든 적어 봅시다. 하루에 한 번씩 이 활동을 해 봅시다.

활동 전 기분(0~10)	활동 후 기분(0~10)	생생함(0~10)	긍정적인 정서

것이 목표입니다. 따라서 당신은 해변에서 즐거운 하루를 보내는 것부터 세계 지도자가 되는 것까지 원하는 긍정적인 결과는 무엇이든 상상할 수 있습니다. 하지만 실제로 실현될 가능성이 있는 것들을 상상하는 것이 더 효과적일 수 있습니다.

이 활동을 하면서 당신은 그런 긍정적인 결과를 얻을 만한 자격이 자신에게 없다고 생각할 수도 있습니다. 다시 말하지만, 여기서의 목표는 상상을 통해 긍정성의 근육을 키우는 것입니다.

마지막으로, 당신은 긍정적인 사건을 상상하거나, 긍정적이든, 중립적이든, 또는 부정적이든 어떠한 사건에서 긍정적인 측면을 머릿속으로 시각화함으로써 당신의 뇌가 미래에 이러한 긍정적인 측면에 주의를 기울이도록 훈련하고 있는 것입니다. 예를 들어, 공원을 산책하면서, 나뭇잎 냄새, 발밑의 흙 소리, 아이들의 웃음소리를 생생하게 상상하는 훈련을 한다면 실제로 당신이 산책을 할 때 그러한 긍정적인 면에 주의를 기울이게 될 가능성이 높아질 것입니다. 이는 또한 우리가 실제로 그러한 활동을 하도록 동기를 더 높여 줄 것입니다. 왜냐하면 부정적인 사건 대신에 긍정적인 사건을 예상할 수 있게 되기 때문입니다.

 ## 긍정적인 상상하기에 대한 문제 해결

◉ 상상할 만한 사건을 찾는 게 어려워요.

긍정적인 사건을 떠올리는 데 어려움이 있다면, 긍정적인 활동 목록에 있는 항목들을 다시 살펴보고, 그 중에 상상할 수 있는 사건이 있는지 확인해 봅시다.

◉ 저는 긍정적으로 생각하는 것이 제 문제에 대한 해결책이라고 믿기 어려워요.

당신 말이 맞습니다. 더 긍정적으로 생각하는 것은 문제에 대한 직접적인 해결책이 아닙니다. 하지만 그것은 긍정적인 사건을 더 깊이 인식하고 경험하는 방법을 배우는 데 도움이 되는 일련의 기술 중 하나입니다. 당신은 장기적으로 당신의 기분을 향상시킬 수 있고 자동적으로 더 발전해 나가는 데 도움이 되는 기술을 배우고 있는 것입니다.

6. 기술 조합

'**긍정적인 것에 주의 기울이기**'에 포함된 기술들은 과거, 미래 및 현재 사건에 대해 더 긍정적으로 생각하는 데 도움이 될 것입니다. 이를 통해 당신은 긍정적인 면을 더 잘 알아차리고, 느끼고, 그 가치를 인정할 수 있게 되며, 학습을 촉진할 수 있습니다. 즉, 당신의 노력과 긍정적인 결과를 연결하는 것이 더 쉬워질 것입니다. 이는 제5장에서 다룬 긍정적인 활동과 결합할 때 가장 잘 실현됩니다. **주인의식 갖기 기술**과 **긍정적인 활동**을 함께 사용하면 당신이 했던 노력과 역할을 향유할 수 있습니다. **긍정적인 상상하기**는 당신이 시도하고 싶은 즐거운 활동을 더 쉽게 확인하고 계획을 실행하려는 동기를 향상시킬 수 있습니다. 마찬가지로, **긍정적인 면 찾기** 기술은 어떤 활동이 기대했던 것보다 덜 보람 있다고 느낄 때 특히 도움이 되는 활동입니다. 그 활동에서 긍정적인 면을 찾다 보면 다시 시도해 볼 가치가 있다는 것을 알게 될 것입니다! 생각에 초점을 두는 기술과 행동 실천을 조합하는 것은 순간을 향유하고, 동기를 높이고, 사건에 대해 기억하는 능력을 향상시키는 아주 좋은 방법입니다.

제**7**장

긍정성 구축하기

1. '긍정성 구축하기'의 기능

이 장에서 다룰 **자애**, **이타적 기쁨**, **감사**, **관대함**은 사람들이 지난 수 세기 동안 수행해 온 실천입니다. 이 중 **감사**와 **관대함**은 보편적인 인간 경험입니다. 이 네 가지 실천은 긍정적인 정서와 행복을 증가시키고 부정적인 정서를 감소시키는 데 효과가 있음이 연구를 통해 반복해서 확인되었습니다. 또한 사람들과 더 연결되어 있다고 느끼게 하고, 더 나은 관계를 맺게 하며, '친사회적' 행동, 즉 다른 사람들에게 도움이 되는 행동으로 이어진다는 것을 보여 주는 많은 증거가 있습니다.

1) 감사

감사는 하나의 정서 상태를 가리키기도 하고, 행동 기술이자 사고 기술이기도 합니다. **감사**는 이 세상에 있는 긍정적인 것을 알아차리고 그 가치를 인정하는 행위입니다. 몇몇 과학자들은 **감사**에 다음 요소들이 포함된다고 말했습니다.

- 다른 사람에 대해 고마워함.
- 자신이 이미 소유한 것에 초점을 맞춤.
- 아름다움에 대해 감탄함.
- 감사함을 표현하는 행동을 함.
- 긍정적인 것을 주의 깊게 알아차림.
- 자신의 삶에 시간이 제한되어 있음을 인정함.
- 현재보다 더 불운한 경우에 대해 건강한 마음자세로 비교함.

2) 관대함

관대함은 행동입니다. 연구를 통해 **관대함**을 많이 가진 사람들의 행복 수준이 더 높다는 것이 확인되었습니다. 실제로 한 연구에 따르면 돈을 주는 것이 돈을 받는 것보다 더 큰 행복을 가져다준다고 합니다. 그러나 **관대함**은 물질적 재화에만 국한되지 않습니다. 그것은 누군가를 위해 자신의 시간을 사용하는 것일 수 있습니다(예: 친구의 택시 요금을 지불해 주는 대신 친구를 집까지 데려다주는 것). 자원봉사를 하는 사람들은 건강이 좋아지고, 수명이 길어지며, 우울증도 덜 겪습니다. 연구에 따르면 한 사람의 관대한 행동은 다른 사람이 관대한 행동을 할 가능성을 높입니다! 이것은 **관대함**이 긍정적인 기분을 높이는 훌륭한 방법이라는 것을 의미합니다.

3) 자애와 이타적 기쁨

관대함 및 **감사**와는 다르게, **자애와 이타적 기쁨**은 비교적 잘 알려져 있지 않습니다. **자애와 이타적 기쁨**은 불교에서 유래했으며 긍정적인 기분을 개선하고 부정적인 기분을 줄이며, 다른 사람들과의 유대감을 향상시킨다고 합니다. **자애**는 타인, 자기 자신, 세상을 향해 긍정적인 생각을 보냄으로써 사랑과 친절한 정서를 강화하는 수행입니다. **이타적 기쁨**은 타인의 성공에 대해 긍정적인 정서를 불러일으키는 활동입니다.

요컨대, '**긍정성 구축하기**'에 포함되는 활동들은 당신의 기분을 좋게 하는 전략입니다. **자애와 이타적 기쁨**은 심상화(머릿속으로 이미지를 떠올리는 것)와 긍정적인 사고를 통해 관계를 개선하고 기분을 변화시키는 기술입니다. **감사와 관대함**은 기분을 개선하는 것으로 밝혀진 행동 및 사고 기술입니다. 이 네 가지 기술의 목표는 긍정적인 것을 알아차리고 가치를 인식하는 능력(좋아함)을 향상시키며, 주고받는 행위와 긍정적인 기분 사이의 연결성을 배우는 것(학습)입니다.

2. 자애 실천하기

자애는 당신이 사랑, 친절, 따뜻함, 자비심, 유대감, 기쁨, 열려 있는 마음과 같은 긍정적인 정서를 더 많이 경험할 수 있게 돕는 기술입니다. 이 기술을 사용할 때 당신은 긍정적인 생각을 다른 사람과 세상, 그리고 자기 자신을 향해 보내는 것으로 시각화하는데, 이 활동은 당신이 타인과 세상, 그리고 자기 자신과 깊이 있는 연결감을 갖게 하는 데 도움이 될 것입니다.

> **자애**는 긍정적인 생각을 타인, 자기 자신, 세상을 향해 보냄으로써 사랑과 친절의 정서를 강화하는 실천입니다.

다음은 조이의 사례입니다.

조이는 처음에는 반려견에게 자애를 베풀었고, 그다음에는 친한 친구에게, 마지막으로 자기 자신에게 자애를 베풀었습니다. 조이는 반려동물에서 친구로, 친구에서 자신으로 자애를 보내는 대상을 변경하면서 이 활동이 점점 더 어려워졌다고 말했습니다. 그녀는 자신이 진심으로 자애로운 마음을 품고 있지 않다는 것을 알아차렸습니다. 이런 생각에도 불구하고 조이는 계속해서 이 기술을 연습했고, 시간이 지나면서 부정적인 생각은 사라졌습니다. 그녀는 몸과 마음에 더 평화로운 느낌을 느끼기 시작했다는 것을 알아차렸습니다. 그녀는 또한 사랑과 즐거움을 느꼈다고 말했습니다. 이 활동을 한 후 그녀의 기분은 10점 만점에 3점에서 7점으로 개선되었습니다.

[그림 7-1]은 조이가 완성한 **자애** 활동지입니다.

	자애
이 활동을 진행하는 날짜를 적습니다. 당신의 자애를 보낼 대상을 최소한 한 명 선택하세요. 관계가 복잡하지 않은 사람으로 선택하여 시작하는 것이 도움이 될 수 있습니다. 자애 대본을 읽거나, 또는 녹음파일을 들으세요. 이 활동을 하기 전과 후에 느껴진 기분을 기록하세요(0 = 아주 낮은 긍정정서, 10 = 아주 높은 긍정정서). 그리고 당신이 알아차린 긍정적인 정서, 생각, 또는 신체적인 감각을 어떠한 것이든 적어 보세요. 이 활동을 하루에 한 번씩 완료해 봅시다.	

날짜	6월 6일
대상	내 반려견, 친한 친구
활동 전 기분(0~10)	3
활동 후 기분(0~10)	7
긍정적인 정서	사랑, 평화로움, 즐거움
반응(생각, 신체적 감각들)	미소, 가슴이 따뜻해지는 느낌, 근육이 약간 긴장되는 느낌
	'내 곁에는 세상에서 가장 귀여운 강아지가 있어.'
	'이건 좀 웃기고 이상한 느낌이 드네.'
	'약간 내가 가식적인 느낌이 든다.'

| 그림 7-1 | 조이가 완성한 '자애' 활동지

다음은 펠릭스의 사례입니다.

펠릭스는 처음에는 어머니를 향해서, 그다음에는 친구, 그다음에는 자기 자신을 향해 자애를 실천했습니다. 펠릭스는 자신이 이 기술을 즐기고 있다는 것을 알아차렸고, 바로 그때 차분함, 편안함, 사랑받는 느낌, 보살핌을 받는 느낌이 들었습니다. 그의 기분은 10점 만점에 4점에서 7점으로 개선되었습니다.

[그림 7-2]는 펠릭스가 완성한 **자애** 활동지입니다.

자애	
이 활동을 진행하는 날짜를 적습니다. 당신의 자애를 보낼 대상을 최소한 한 명 선택하세요. 관계가 복잡하지 않은 사람으로 선택하여 시작하는 것이 도움이 될 수 있습니다. 자애 대본을 읽거나, 또는 녹음파일을 들으세요. 이 활동을 하기 전과 후에 느껴진 기분을 기록하세요(0 = 아주 낮은 긍정정서, 10 = 아주 높은 긍정정서). 그리고 당신이 알아차린 긍정적인 정서, 생각, 또는 신체적인 감각을 어떠한 것이든 적어 보세요. 이 활동을 하루에 한 번씩 완료해 봅시다.	

날짜	8월 7일
대상	어머니, 친구, 나 자신
활동 전 기분(0~10)	4
활동 후 기분(0~10)	7
긍정적인 정서	차분함, 내가 사랑과 관심을 받고 있다는 느낌
반응(생각, 신체적 감각들)	'어머니는 나를 진짜 사랑하신다.'
	몸의 긴장이 풀린다.
	'관심받는 느낌이 든다.'
	'이 활동은 진짜 효과가 있는 것 같아.'

┃ 그림 7-2 ┃ 펠릭스가 완성한 '자애' 활동지

활동 7-1 **자애**

이제 당신 차례입니다! [글상자 7-1] 지침을 먼저 읽어 보세요. **활동 7-1 자애**를 사용합니다. 자애를 실천할 때는 먼저 당신의 친구나 멘토, 반려동물과 같이 관계가 복잡하지 않은 대상을 선택하여 실행해 보고, 그다음 보다 어렵게 느껴지는 대상으로 넘어갑니다. 즉, 우리는 **자애로운 마음**이 쉽게 일어날 수 있는 존재에 대해 생각하는 것부터 시작합니다. 자애를 보낼 대상은 어쩌면 세상을 떠난 사랑하는 사람이 될 수도 있습니다. 처음에는 이 기술을 연습하는 것이 어렵게 느껴질 수 있지만 괜찮습니다. 다른 많은 사람도 이 활동을 어렵게 느끼곤 합니다. 이 치료에서 배운 모든 기술과 마찬가지로, 기술을 더 많이 연습할수록 점점 더 쉬워지고 실천을 통해 더 큰 이익을 얻을 수 있습니다. 따라서 실천하면서 좌절감이나 다른 부정적인 정서를 느낀다 하더라도 이는 초기 단계에서 자연스러운 현상이며 문제가 되지 않습니다.

글상자 7-1   **자애 실천하기를 위한 안내 지침**

방해받지 않을 수 있는 편안한 장소를 찾으세요. 의자에 앉아서 발을 바닥에 평평하게 두고, 등을 똑바로 세우고, 눈을 감거나 자신의 앞에 편안하게 시선을 두는 것이 도움됩니다.

오늘 마음이 요동치거나, 종잡을 수 없이 헤매고 있거나 산만하다면, 잠시 시간을 내어 숨을 들이쉬고 내쉬며 부드럽게 호흡에 주의를 기울여 보세요. 공기를 들이마실 때와 내쉴 때 몸의 변화를 관찰하세요. 배가 오르락내리락하거나 코로 들어오고 나가는 공기의 온도 변화를 알아차리세요.

언제든지 준비가 되면 당신이 좋아하고 편안하게 느끼는 누군가를 떠올려 보세요. 당신이 마음 깊이 신경 쓰는 사람일 수도 있고, 반려동물일 수도 있고, 가깝지는 않아도 당신이 매우 존경하는 사람일 수도 있습니다. 그 존재가 여러분 앞에 앉아서, 미소를 지으며 당신을 바라본다고 상상해 보세요.

다음 문장을 소리 내어 말하거나 마음속으로 말하면서 각 단어에 집중해 보세요.

당신의 평화를 기원합니다…….

당신의 건강을 기원합니다…….

당신이 고통이나, 고난이나, 불행을 겪지 않기를 바랍니다…….

당신의 사랑과 기쁨을 기원합니다…….

……

당신의 평화를 기원합니다…….

당신의 건강을 기원합니다…….

당신이 고통이나, 고난이나, 불행을 겪지 않기를 바랍니다…….

당신의 사랑과 기쁨을 기원합니다…….

이 말을 할 때 당신에게 어떤 정서와 신체적 감각이 나타나는지 알아차려 보세요. 온기? 미소? 지금 당장 어떠한 긍정적인 정서를 느끼지 못하더라도 괜찮아요.

당신의 평화를 기원합니다…….

당신의 건강을 기원합니다…….

당신이 고통이나, 고난이나, 불행을 겪지 않기를 바랍니다…….

당신의 사랑과 기쁨을 기원합니다…….

이제 잠시 시간을 내어 호흡에 주의를 기울이세요. 숨을 들이쉬고 내쉴 때마다 배가 오르락내리락하는 것을 알아차려 보세요.

이제, 조금 더 어려운 사람을 떠올려 보세요. 어렵게 느껴지는 가족 구성원이나 직장 동료, 정치인을 떠올릴 수도 있고, 또는 당신 자신을 떠올릴 수도 있습니다. 당신을 학대했거나 트라우마의 원인이 된 사람은 선택하지 않아야 합니다. 누군가를 선택했다면 그 존재가 당신 앞에 앉아 있다고 상상해 보세요. 그에게 다음과 같이 이야기해 봅니다.

나의 평화를 기원합니다……. / 당신의 평화를 기원합니다…….

나의 건강을 기원합니다……. / 당신의 건강을 기원합니다…….

나에게 고통이나, 고난이나, 불행이 사라지길 바랍니다……. / 당신에게 고통이나, 고난이나, 불행이 사라지길 바랍니다…….

내가 사랑과 기쁨을 느끼길 바랍니다……. / 당신이 사랑과 기쁨을 느끼길 바랍니다…….

……

나의 평화를 기원합니다……. / 당신의 평화를 기원합니다…….

나의 건강을 기원합니다……. / 당신의 건강을 기원합니다…….

나에게 고통이나, 고난이나, 불행이 사라지길 바랍니다……. / 당신에게 고통이나, 고난이나, 불행이 사라지길 바랍니다…….

내가 사랑과 기쁨을 느끼길 바랍니다……. / 당신이 사랑과 기쁨을 느끼길 바랍니다…….

지금 마음에서 일어나는 정서나 신체적인 감각을 알아차려 보세요.

나의 평화를 기원합니다……. / 당신의 평화를 기원합니다…….

나의 건강을 기원합니다……. / 당신의 건강을 기원합니다…….

나에게 고통이나, 고난이나, 불행이 사라지길 바랍니다……. / 당신에게 고통이나, 고난이나, 불행이 사라지길 바랍니다…….

내가 사랑과 기쁨을 느끼길 바랍니다……. / 당신이 사랑과 기쁨을 느끼길 바랍니다…….

몇 분 동안 다시 호흡으로 돌아갑니다. 주의가 산만해졌다면 심호흡을 몇 번 하십시오.

이제 세상을 마음에 떠올려 보면서 긍정적인 생각을 보내세요.

세상의 평화를 기원합니다…….

세상의 건강을 기원합니다…….

세상에 고통이나, 고난이나, 불행이 사라지길 바랍니다…….

세상의 사랑과 기쁨을 기원합니다…….

……

세상의 평화를 기원합니다…….

세상의 건강을 기원합니다…….

세상에 고통이나, 고난이나, 불행이 사라지길 바랍니다…….

세상의 사랑과 기쁨을 기원합니다…….

지금 어떤 정서와 신체적인 감각이 일어나고 있나요?

마지막으로, 호흡에 부드럽게 주의를 기울이고…… 눈을 뜹니다.

　하루에 한 번 이상 이 기술을 실천하세요(이상적으로는 다음 한 주간 세 번 이상 실천하는 것이 좋습니다). 활동지는 책에서 복사하여 사용합니다. 자애 활동을 시작하기 전에 먼저 당신의 기분을 기록하고 당신의 자애로운 마음을 보낼 대상을 적어 두세요. 그리고 자애 활동을 마친 후 당신이 알아차린 기분과 생각, 정서 및 신체적 감각을 기록하세요.

활동 7-1　자애

이 활동을 진행하는 날짜를 적습니다. 당신의 자애를 보낼 대상을 최소한 한 명 선택하세요. 관계가 복잡하지 않은 사람으로 선택하여 시작하는 것이 도움이 될 수 있습니다. 자애 대본을 읽거나, 또는 녹음파일을 들으세요. 이 활동을 하기 전과 후에 느껴진 기분을 기록하세요(0＝아주 낮은 긍정정서, 10＝아주 높은 긍정정서). 그리고 당신이 알아차린 긍정적인 정서, 생각, 또는 신체적인 감각을 어떠한 것이든 적어 보세요. 이 활동을 하루에 한 번씩 완료해 봅시다.

- 날짜: _____

- 대상: _____

- 활동 전 기분(0〜10): _____

- 활동 후 기분(0〜10): _____

- 긍정적인 정서: _____

    _____

- 반응(생각, 신체적 감각들):

    _____

    _____

    _____

    _____

    _____

    _____

자애 실천하기에 대한 문제 해결

◑ 저는 자애를 실천할 때 우울, 불안, 질투심, 분노 같은 정서만 더 느껴져요. 제가 이상한가요?

이러한 정서가 많이 일어나는 것은 이상한 게 아니에요. 당신에게는 아무 문제가 없어요. 이러한 정서가 일어나는 것은 지극히 자연스러운 일입니다. 많은 사람이 이 기술을 정말 어렵다고 느낍니다. 연습을 계속하면서 이러한 정서가 어떻게 변화하는지, 새로운 정서가 생기는지 지켜보세요. 혼자서 계속할 수 있는 기술이 아니라는 생각이 들더라도 그 또한 당신에게 문제가 있는 것이 아닙니다. 이는 아마도 현재 당신이 이 기술을 실천할 때 관계가 너무 어려운 사람을 대상으로 시도하고 있음을 의미하는 것일 수도 있습니다. 반려동물과 같이 관계가 덜 복잡한 대상으로 다시 선택해서 시도해 볼 수 있습니다. 그들에게 생기는 정서에 주목한 다음, 나중에 더 복잡한 대상을 선택하여 다시 시도해 볼 수 있습니다.

◑ 저는 이걸 해도 긍정적인 정서가 느껴지지 않네요. 제가 실천하는 방법에 문제가 있는 걸까요?

아니에요. 당신이 뭔가를 잘못한 것이 아니라, 많은 사람이 이 활동을 수행하면서 처음에는 많은 어려움을 느낍니다. 시간을 들여 연습해 보고, 정서에 어떤 변화가 생기는지, 어떤 새로운 정서가 생기는지 살펴봅시다. 괜찮습니다.

◑ 자애 실천하기는 기도와 같은 건가요?

자애는 다른 존재에게 정신적으로 긍정적인 메시지를 전하는 수행입니다. 누군가는 기도의 여러 형식 중에서 더 높은 차원의 존재에게 도움을 청하는 형식으로 기도를 할 수 있습니다. 기도와 자애는 겉보기에는 비슷해 보일 수 있지만 차이점이 있습니다. 기도는 여러 형식을 취할 수 있지만, 자애는 전반적인 건강, 안녕, 그리고 행복에 대한 말을 전하는 구체적인 실천입니다. 또한 자애와는 달리, 기도는 누군가를 위해 기도하면서 도움을 구할 더 높은 차원의 존재가 있어야 합니다. 자애의 이점 중 하나는 영적인 믿음을 가진 사람과 종교가 없는 사람들 모두가 이를 실천하며 혜택을 얻을 수 있다는 것입니다.

◑ 이건 어색하고, 가식적인 것 같고, 너무 피상적이고, 너무 감성적인 연극을 하는 것 같아요.

많은 사람이 그런 정서를 느끼는데, 특히 자애를 처음 실천하기 시작할 때 그러합니다. 그런 마음이 든다면 계속 기술을 반복 연습하면서 어색함이나 진정성이 없다는 느낌이 개선되는지 살펴보세요.

◑ 제 주변에는 관계가 복잡하지 않은 사람이 없는 것 같아요!

어떤 사람들에게는 이 부분이 가장 어렵게 느껴지기도 해요. 당신에게 관계가 복잡하지 않은 사람이 아무도 없다면, 과거에 관계를 맺었던 사람들을 떠올려 보고 부정적인 정서가 가장 적게 느껴지는 사람이나 반려동물을 생각해 보세요.

3. 감사 실천하기

감사는 정서, 행동, 사고 기술입니다. 이는 우리의 삶에 있는 긍정적인 것을 알아차리고 그것의 가치를 인식하는 것이며, 고마워하는 행위와 긍정적인 기분을 연결 짓는 방법을 학습하는 것입니다. **감사** 실천하기에는 많은 이점이 있습니다. 연구를 통해 감사는 안녕감을 강화하고, 긍정정서를 증가시키며, 부정정서와 스트레스를 감소시키고, 건강 및 타인과의 유대감을 개선시키며, 관대함을 증진시키는 것으로 나타났습니다.

> **감사**는 당신의 일상에서 당신이 가치 있게 여기는 긍정적인 면을 찾아내는 것입니다.

감사를 실천하는 방법에는 여러 가지가 있으며, 이 치료에서는 한 가지 방법을 연습하게 됩니다. 활동 7-2 **감사**를 사용하여 매일 감사한 점 다섯 가지를 찾아 나열하면 되는데, 각 항목은 전날 찾은 것과 달라야 합니다. 처음에는 이것이 불가능한 것처럼 보일 수 있습니다. 하지만 당신은 이미 **긍정적인 면 찾기**를 완료한 전문가라는 것을 기억하세요. **긍정적인 면 찾기** 활동은 이 새로운 기술을 실천하는 데 도움이 될 것입니다. **감사**는 오늘 하루나 일주일 동안, 또는 당신의 삶에서 고마움을 느낄 만한 긍정적인 측면을 발견하는 것을 의미합니다. 지금 이 순간 숨을 쉬는 것처럼 단순한 것부터, 치료를 받는 것처럼 복잡한 것까지 우리가 삶에서 어떤 것이든 **감사**할 수 있다는 것을 명심하는 것이 중요합니다! **긍정적인 면 찾기**와 **감사 실천하기**에 해당하는 항목들은 중대한 것일 수도 있고(예: "내 인생에 아들이 있어서 감사합니다."), 사소할 수도 있고(예: "제시간에 출근할 수 있게 되어 고맙습니다."), 심지어 사소하고 우스워 보이는 것(예: "냄새나지 않게 해 주는 비누에 감사합니다!")일 수도 있습니다.

이 기술을 실천하면서 한 주가 끝날 때쯤에는 당신은 서른다섯 가지 **감사** 목록을 갖게 될 것입니다. 치료의 남은 과정과 종결한 이후에도, 특히 모든 것이 잘 진행되지 않는 것처럼 보이는 날에도 필요에 따라 **감사** 목록을 추가하고 이전에 작성한 목록을 되돌아볼 수 있습니다. 이 목록은 현재 존재하는 긍정적인 면을 되새기는 데 도움이 될 수 있습니다.

감사하는 것이 일상에 습관이 될 만큼 매일 실천하면 이 기술을 최대한 활용하는 데 도움이 될 것입니다. 따라서 매일 이 목록을 완료할 정기적인 시간을 선택하고 휴대폰에 미리 알림을 설정하는 것이 좋습니다. 많은 사람은 저녁에 이 활동을 완료하면서 하루를 되돌아보는 것을 선호합니다.

다음은 펠릭스의 사례입니다.

 펠릭스는 잠자리에 들기 전에 그날을 돌아보며 감사 목록을 완성했습니다. 펠릭스는 감사 목록에 아침 산책길에 동물을 봤던 것, 친구와 메시지를 주고받은 것, 고양이를 껴안았던 것, 맥앤치즈를 만드는 데 필요한 재료를 가지고 있는 것, 제시간에 잠자리에 든 것을 적었습니다. 펠릭스의 기분은 10점 만점에 4점에서 8점으로 개선되었습니다.

감사	
이 활동을 진행하는 날짜를 적습니다. 매일 당신이 알아차린 감사한 것을 다섯 가지 적어 보세요. 전날과는 다른 것을 찾아보도록 합니다. 목록을 작성하기 전과 후에 느껴진 기분을 기록하세요(0＝아주 낮은 긍정정서, 10＝아주 높은 긍정정서). 그리고 당신이 알아차린 긍정적인 정서를 어떠한 것이든 적어 보세요. 이 활동을 하루에 한 번씩 완료해 봅시다.	
날짜	9월 15일
오늘 내가 감사한 것은……	1. 아침 산책길에서 동물을 본 것
	2. 친구와 메시지를 주고받은 것
	3. 고양이와 꼭 껴안은 것
	4. 맥앤치즈를 만들 수 있는 재료가 집에 있다는 것
	5. 제시간에 잠자리에 들 수 있다는 것
활동 전 기분(0~10)	4
활동 후 기분(0~10)	8
긍정적인 정서	고마움, 기쁨

| 그림 7-3 | 펠릭스가 완성한 '감사' 활동지

다음은 조이의 사례입니다.

 조이는 잠자리에 들 준비를 하면서 감사 목록을 완성하기로 마음먹었습니다. 조이는 정시에 일어난 것, 좋아하는 머그잔으로 커피를 마신 것, 동료와 점심을 먹은 것, 딸과 전화 통화한 것, 남편과 함께 TV 시청한 것 등을 적었습니다. 그녀의 기분은 10점 만점에 6점에서 9점으로 개선되었습니다.

감사
이 활동을 진행하는 날짜를 적습니다. 매일 당신이 알아차린 감사한 것을 다섯 가지 적어 보세요. 전날과는 다른 것을 찾아보도록 합니다. 목록을 작성하기 전과 후에 느껴진 기분을 기록하세요(0 = 아주 낮은 긍정정서, 10 = 아주 높은 긍정정서). 그리고 당신이 알아차린 긍정적인 정서를 어떠한 것이든 적어 보세요. 이 활동을 하루에 한 번씩 완료해 봅시다.

날짜	3월 22일
오늘 내가 감사한 것은……	1. 제시간에 일어남
	2. 내가 제일 좋아하는 머그잔에 커피를 마신 것
	3. 동료들과 점심 식사를 한 것
	4. 딸과 전화 통화한 것
	5. 남편과 함께 내가 좋아하는 TV쇼를 본 것
활동 전 기분(0~10)	6
활동 후 기분(0~10)	9
긍정적인 정서	만족감, 기대감

▎그림 7-4▎조이가 완성한 '감사' 활동지

활동 7-2 **감사**

이제 당신 차례입니다! 활동 7-2 감사를 활용하여 매일 당신이 고마움을 알아차린 다섯 가지를 적되, 전날에 적은 항목과는 다른 것들을 적습니다. 감사 활동을 마치기 전과 후의 기분을 기록하세요. 하루에 한 번 이상 연습을 완료하세요(다음 한 주 동안 최소 3회). 활동지는 책에서 여러 장 복사하여 사용하면 됩니다.

활동 7-2 **감사**

이 활동을 진행하는 날짜를 적습니다. 매일 당신이 알아차린 감사한 것을 다섯 가지 적어 보세요. 전날과는 다른 것을 찾아보도록 합니다. 목록을 작성하기 전과 후에 느껴진 기분을 기록하세요(0 = 아주 낮은 긍정정서, 10 = 아주 높은 긍정정서). 그리고 당신이 알아차린 긍정적인 정서를 어떠한 것이든 적어 보세요. 이 활동을 하루에 한 번씩 완료해 봅시다.

- 날짜: _____

- 오늘 내가 감사한 것은……

  1. _____
  2. _____
  3. _____
  4. _____
  5. _____

- 활동 전 기분(0~10): _____

- 활동 후 기분(0~10): _____

- 긍정적인 정서: _____

  _____

  _____

  _____

감사 실천하기에 대한 문제 해결

◑ 저는 감사할 만한 것을 하나도 떠올릴 수가 없어요.

자연스러운 반응입니다. 그러한 생각이 드는 것은 당신이 이 치료를 찾게 된 하나의 이유이기도 하지요. 이전에 당신이 작성했던 **긍정적인 면 찾기** 활동을 다시 검토해 보면 도움이 될 수 있습니다. 오늘 하루의 긍정적인 면 1~3개를 찾아보세요. 그리고 당신이 찾은 긍정적인 면이 감사할 만한 것인지 생각해 보세요.

◑ 감사할 만한 것을 다섯 개나 떠올리기는 어려워요!

창의적으로 생각해 보세요. 잘되지 않는다면 1~2개 정도에 초점을 맞춰 보는 것도 괜찮습니다.

4. 관대함 실천하기

　관대함은 대가를 바라지 않고 자신이 관대해지기를 선택하여 베푸는 행위입니다. **관대함**을 베푸는 것은 여러 가지 이유로 어려울 수 있습니다. 우리 모두는 시간과 자원이 제한되어 있으며, 타인에게 줄 수 있는 것이 충분하지 않다는 점에 부담감을 느낄 수 있습니다. 이러한 부담감은 우리가 **관대함**을 너무 한정지어서 생각할 경우에 생기는 현상일 수 있습니다. 예를 들어, 우리가 **관대함**을 단지 타인에게 돈을 내주거나 자원봉사 시간을 내는 것으로 생각한다면, 실제로 정기적으로 관대함을 베풀 수 있는 충분한 자원이 없을 수도 있습니다. 그러나 **관대함**이 시간, 에너지, 돈, 물리적 도움, 조언, 지식/정보, 자비로운 마음, 사랑 등 다양한 형태를 취할 수 있음을 인식하면 관대함을 실천하는 방법이 무한해집니다. **관대함**은 미소, 친절한 말, 또는 경청하는 것일 수도 있습니다. 또한 친구, 동물, 자연, 대의명분을 위하거나, 또는 자신을 돕는 것일 수 있습니다. **관대함**을 베풀 수 있는 선택지는 무궁무진합니다. **관대함**은 다음과 같은 부분에 도움이 될 것입니다.

- 긍정적인 것을 알아차리고 인정하는 것
- 긍정적인 정서를 강화하는 것

● 베푸는 행위와 긍정적인 정서의 연관성을 배우는 것

> **관대함**은 대가를 바라지 않고 베풀기로 선택하여 실천하는 행위입니다.

놀랍게도 연구에 따르면 관대하게 대하는 것이 타인으로부터 무언가를 받는 것보다 기분을 더 좋게 만든다고 합니다. **관대함**은 건강, 부정정서와 스트레스 감소, 인간관계 개선과 관련됩니다. 또한 관대한 태도는 보답으로 무언가를 받을 가능성을 증가시킵니다.

다음은 조이의 사례입니다.

조이는 관대함을 실천하기 위해 아들을 공항에 데려다주기, 남편의 정원 일 돕기, 지역 자선 단체에 50달러 기부하기를 일주일 동안 진행하기로 계획했습니다. 그녀는 아들을 공항에 데려다주면서 즐거움을 느꼈으며 자신이 가치 있는 존재라는 것을 알게 되었습니다. 그녀의 기분은 10점 만점에 5점에서 8점으로 개선되었습니다.

[그림 7-5]는 조이가 완성한 **관대함** 활동지입니다.

관대함	
관대함을 실천할 날짜와 시간을 기록하세요. 어떤 관대한 행동을 할 것인지, 그리고 누구에게 관대함을 실천할지 생각하여 적습니다. 관대함을 실천하기 전과 후에 느껴진 기분을 기록하세요(0 = 아주 낮은 긍정정서, 10 = 아주 높은 긍정정서). 그리고 당신이 알아차린 긍정적인 정서를 어떠한 것이든 적어 보세요. 이 활동을 하루에 한 번씩 완료해 봅시다.	
날짜/시간	7월 28일, 오후 4시
행동	아들을 공항에 데려다주기
대상	아들
활동 전 기분(0~10)	5
활동 후 기분(0~10)	8
긍정적인 정서	즐거움, 내가 가치 있다는 느낌

┃ 그림 7-5 ┃ 조이가 완성한 '관대함' 활동지

다음은 펠릭스의 사례입니다.

펠릭스는 관대함을 실천하기 위해 이웃을 도와 쓰레기를 치우고, 어머니를 위해 식료품을 준비하고, 온라인으로 친구에게 줄 선물을 주문하기로 결심했습니다. 이웃이 쓰레기를 버리는 것을 도운 후, 펠릭스는 자신이 생산적이고 자랑스럽게 느껴졌다고 말했습니다. 그는 기분이 10점 만점에 3점에서 6점으로 좋아졌다고 기록했습니다.

[그림 7-6]은 펠릭스가 완성한 **관대함** 활동지입니다.

관대함	
관대함을 실천할 날짜와 시간을 기록하세요. 어떤 관대한 행동을 할 것인지, 그리고 누구에게 관대함을 실천할지 생각하여 적습니다. 관대함을 실천하기 전과 후에 느껴진 기분을 기록하세요(0 = 아주 낮은 긍정정서, 10 = 아주 높은 긍정정서). 그리고 당신이 알아차린 긍정적인 정서를 어떠한 것이든 적어 보세요. 이 활동을 하루에 한 번씩 완료해 봅시다.	

날짜/시간	토요일 아침
행동	이웃이 쓰레기 버릴 때 도와주기
대상	이웃
활동 전 기분(0~10)	3
활동 후 기분(0~10)	6
긍정적인 정서	생산적인 느낌, 자부심

‖ 그림 7-6 ‖ 펠릭스가 완성한 '관대함' 활동지

활동 7-3 관대함

이제 당신의 차례입니다! 활동 7-3 관대함을 활용하여, 이번 주에 실천할 관대한 행동 세 가지를 찾아봅시다. 관대함을 실천할 날짜와 시간을 적어 한 주간의 일정을 잡으세요. 관대한 행위당 하나의 활동지를 사용합니다. 각 활동을 하기 전과 후의 기분을 기록하세요. 활동지는 책에서 여러 장 복사하여 사용하면 됩니다. **관대한 행동**을 실천하고 나면, 이러한 활동을 향유하는 연습을 하는 데 특히 도움이 될 것입니다.

활동 7-3   관대함

관대함을 실천할 날짜와 시간을 기록하세요. 어떤 관대한 행동을 할 것인지, 그리고 누구에게 관대함을 실천할지를 생각하여 적습니다. 관대함을 실천하기 전과 후에 느껴진 기분을 기록하세요(0 = 아주 낮은 긍정정서, 10 = 아주 높은 긍정정서). 그리고 당신이 알아차린 긍정적인 정서를 어떠한 것이든 적어 보세요. 이 활동을 하루에 한 번씩 완료해 봅시다.

- 날짜/시간: _____

- 행동: _____

  _____

- 대상: _____

  _____

- 활동 전 기분(0~10): _____

- 활동 후 기분(0~10): _____

- 긍정적인 정서: _____

  _____

  _____

  _____

  _____

  _____

관대함 실천하기에 대한 문제 해결

뭔가를 베풀려고 해도 제가 가진 것이 별로 없어요.

종종 우리는 자신이 가진 것이 넉넉하지 않아서 부담감을 느낀 나머지 관대한 행동을 하지 않습니다. **관대함**을 실천할 때 우리가 배우는 것은 **관대함**의 형태가 다양하다는 것입니다. **관대함**은 누군가에게 미소를 짓거나 그들에 대해 긍정적인 생각을 하는 것처럼 비용, 시간, 에너지에 제한되지 않는 것입니다. 무엇보다 가장 관대한 행동은 자신의 필요를 인식하고(예: 자기 돌봄) 그 필요에 주의를 기울일 수 있는 마음의 공간을 자신에게 주는 것일 수 있습니다. '나는 충분하지 않다.'라는 생각을 할 때, 자신의 마음과 몸이 어떤 상태인지 관찰해 보면서 다음과 같은 질문을 깊이 생각해 보세요. 이 **관대함**의 행위 이면에 있는 동기는 무엇인가요? 의무감에서 비롯된 것인가요, 아니면 인정받고 싶은 욕구에서 비롯된 것인가요? 이것이 진정한 **관대함**의 행위인가요, 아니면 스스로를 더 좋게 느끼기 위한 것인가요? 이 행위가 타인을 위한 것인가요? 그리고 스스로에게 물어보세요. '지금 이 순간 가장 관대한 행동은 무엇일까?'

나의 관대한 행동이 상대방에게 인정받지 못한다면 무슨 소용인가요?

치료에서 **관대함** 실천하기의 목표는 긍정적인 정서를 불러일으키고 관대한 행동에 참여하는 것임을 기억하세요. 대가를 받아야 한다는 신념으로 관대함을 베푸는 것은 종종 긍정적인 정서가 아니라 후회로 이어집니다. 당신은 후회 없이 베풀기를 선택할 수 있습니다.

저는 이미 주변 사람들에게 아주 많이 베풀고 있어요.

훌륭해요! 어떤 사람들은 일상생활에서 더 많이 혹은 적게 관대한 경향이 있습니다. 이미 다른 사람에게 너무 많은 것을 베풀고 있다면 자신에게 관대해지려고 노력해 보세요. 예를 들어, 자신에게 작은 휴가를 주거나, 마사지를 받거나, 목욕을 하거나, 직장에서 친구들과 시간을 보내기로 하거나, 완벽하지 않은 자신에게 휴식을 주는 것이 있습니다.

사람들이 어떻게 반응할지 걱정돼요.

관대함 실천하기를 통해 생기는 긍정적인 기분은 다른 사람이 감사를 표현하는 데서 오는 것이 아닙니다. 그보다는 베푸는 행위에서 긍정적인 기분이 생기는 것입니다. 그러므로 우리가 과정보다 결과에 초점을 맞추면 이러한 관대한 행동의 긍정적인 이득을 얻지 못하게 됩니다. **관대함**을 실천하려면 결과에 대한 염려를 마음에서 내려놓는 것이 필요합니다.

5. 이타적 기쁨 실천하기

이타적 기쁨은 다른 사람의 기쁨이나 행운에 대한 반응으로 긍정적인 정서를 느끼는 것입니다. 또한 **이타적 기쁨**은 자애와 비슷한 수행입니다. 심상과 시각화를 사용하여 다른 사람들에게 행운과 성공을 기원하고, 그렇게 할 때 발생하는 정서를 알아차릴 것입니다. 이것은 존경, 자부심, 기쁨, 사랑, 유대감의 정서를 불러일으킬 수 있는 기술이며, 다른 사람의 불행에서 기쁨을 얻는 것과는 반대입니다. **자애**와 마찬가지로, **이타적 기쁨**은 다른 사람들과 연결되어 있다는 느낌을 줄 수 있습니다.

> **이타적 기쁨**은 타인의 성공에서 일어나는 긍정적인 정서 경험입니다.

다음은 펠릭스의 사례입니다.

펠릭스는 이 활동을 수행하는 데 어려움을 겪었습니다. 자신은 성공하기 위해 분투하는 중인데 다른 사람들의 성공을 기원하는 것이 어렵다는 생각이 들었습니다. 그는 친한 친구를 떠올리면서 그 친구에게 좋은 일과 행복을 빌어 주는 것으로 이 활동을 시작했습니다. 펠릭스는 친구를 떠올리며 행복을 느꼈을 뿐만 아니라 기분이 좋아졌다는 것을 알아차렸습니다(10점 만점에 3점에서 4점으로 증가함). 시간이 지나면서 펠릭스는 친밀감, 유대감, 따뜻함을 느끼기 시작했고, 이 활동을 수행할 때마다 기분이 좋아진다는 것을 깨달았습니다.

[그림 7-7]은 펠릭스가 완성한 **이타적 기쁨** 활동지입니다.

이타적 기쁨	
이타적 기쁨을 실천할 날짜를 기록하세요. 누구를 대상으로 이타적 기쁨을 실천할지 최소 한 사람을 선택하여 적습니다. 처음에는 관계가 복잡하지 않은 사람을 선택하는 것이 도움이 될 수 있습니다. 이타적 기쁨 대본을 읽거나 녹음파일을 들어 보세요. 이타적 기쁨을 실천하기 전과 후에 느껴진 기분을 기록하세요(0 = 아주 낮은 긍정정서, 10 = 아주 높은 긍정정서). 그리고 당신이 알아차린 긍정적인 정서, 생각, 또는 신체적인 감각을 어떠한 것이든 적어 보세요. 이 활동을 하루에 한 번씩 완료해 봅시다.	

날짜	12월 9일
대상	내 친구 제이미(Jaime)
활동 전 기분(0~10)	3
활동 후 기분(0~10)	4
긍정적인 정서	행복함
반응(생각, 신체적 감각들)	좌절감, '이건 힘들다.'
	'걔 좋은 친구고 좋은 것들을 누릴 만해. 걔가 행복해지면 좋겠어.'
	'친구의 행복을 기원하는 나 자신을 보니 기분이 조금 나아진다.'

∥ 그림 7-7 ∥ 펠릭스가 완성한 '이타적 기쁨' 활동지

다음은 조이의 사례입니다.

 조이는 남편의 행운과 성공을 빌며 이타적 기쁨을 실천했습니다. 그녀는 편안함과 기쁨이 느껴진다는 것을 알아차렸습니다. 또한 따뜻함과 만족감, 사랑을 느꼈습니다. 그녀의 기분은 10점 만점에 4점에서 7점으로 개선되었습니다.

[그림 7-8]은 조이가 완성한 **이타적 기쁨** 활동지입니다.

이타적 기쁨

이타적 기쁨을 실천할 날짜를 기록하세요. 누구를 대상으로 이타적 기쁨을 실천할지 최소 한 사람을 선택하여 적습니다. 처음에는 관계가 복잡하지 않은 사람을 선택하는 것이 도움이 될 수 있습니다. 이타적 기쁨 대본을 읽거나 녹음파일을 들어 보세요. 이타적 기쁨을 실천하기 전과 후에 느껴진 기분을 기록하세요(0 = 아주 낮은 긍정정서, 10 = 아주 높은 긍정정서). 그리고 당신이 알아차린 긍정적인 정서, 생각, 또는 신체적인 감각을 어떠한 것이든 적어 보세요. 이 활동을 하루에 한 번씩 완료해 봅시다.

날짜	7월 29일
대상	남편
활동 전 기분(0~10)	4
활동 후 기분(0~10)	7
긍정적인 정서	사랑, 만족감, 편안함
반응(생각, 신체적 감각들)	따뜻함, 미소, '나는 우리 남편을 너무 사랑해. 남편이 잘하고 있어서 행복해.'
	'내 정서를 남편하고 나누고 싶어.'

❙ 그림 7-8 ❙ 조이가 완성한 '이타적 기쁨' 활동지

활동 7-4 이타적 기쁨

이제 당신 차례입니다! [글상자 7-2]의 지침이 이타적 기쁨 수행을 안내해 줄 것입니다.

글상자 7-2 **이타적 기쁨 실천하기를 위한 안내 지침**

주변에 방해 요인이 적은 편안한 곳을 찾습니다. 발을 바닥에 평평하게 두고, 등을 곧게 하며, 눈을 감거나 시선이 닿는 곳을 부드럽게 응시하는 것이 좋습니다.

만약 오늘 당신의 마음이 불안정하거나, 종잡을 수 없이 헤매고 있거나, 주의가 산만해진 상태라면, 숨을 들이쉬고 내쉬는 것을 알아차리면서 호흡에 부드럽게 주의를 기울이세요. 공기를 들이마시고 내쉴 때 몸의 변화를 관찰하세요. 배가 오르내리는 것이나 코 안팎으로 이동하는 공기의 온도 변화를 느껴 보세요.

준비가 되면, 당신이 좋아하고 어렵지 않은 누군가를 생각해 보세요. 이는 당신이 깊이 아끼는 사람일 수도 있고, 반려동물일 수도 있으며, 가까운 사람은 아니지만 당신이 아주 존경하는 사람일 수도 있습니다. 그 존재가 당신 앞에 앉아 미소 지으며 당신을 바라보는 상상을 해 보세요.

그 존재가 가진 좋은 행운을 하나 떠올려 보세요. 그것을 떠올리면서 느껴지는 정서를 알아차려 보세요.

다음 문장을 소리 내어 말하거나 마음속으로 말하며 단어에 집중하면서, 이 마음을 그 존재에게 보냅니다.

> 당신이 행복하고 만족하는 것을 보니 저도 행복합니다…….
> 나는 당신의 성공이 계속 당신과 함께하길 바랍니다…….
> 나는 당신이 계속 풍요로워지기를 바랍니다…….
>
> ……
>
> 당신이 행복하고 만족하는 것을 보니 저도 행복합니다…….
> 나는 당신의 성공이 계속 당신과 함께하길 바랍니다…….
> 나는 당신이 계속 풍요로워지기를 바랍니다…….

당신이 이 문장을 말할 때 어떤 정서와 신체적 감각이 느껴지는지 알아차려 보세요. 기쁨? 미소? 지금 당장 긍정적인 정서가 느껴지지 않아도 괜찮아요.

잠시 당신의 호흡에 주목해 보세요. 숨을 들이쉬고 내쉴 때마다 배가 오르락내리락하는 것을 알아차리세요.

이제 조금 더 어려운 사람을 떠올려 보십시오. 자기 자신, 친구 또는 가족이 될 수 있습니다. 한 사람을 선택했다면 그 사람이 당신 앞에 앉아 있다고 상상하세요.

그 사람이 가지고 있는 행운 한 가지를 찾아보세요. 그것이 무엇인지 떠올릴 때 느껴지는 정서를 알아차려 보세요. 다음 문장을 그 사람에게 보냅니다.

당신이 행복하고 만족하는 것을 보니 저도 행복합니다…….
나는 당신의 성공이 계속 당신과 함께하길 바랍니다…….
나는 당신이 계속 풍요로워지기를 바랍니다…….
……
당신이 행복하고 만족하는 것을 보니 저도 행복합니다…….
나는 당신의 성공이 계속 당신과 함께하길 바랍니다…….
나는 당신이 계속 풍요로워지기를 바랍니다…….

내면에 일어나는 정서나 신체적인 감각을 알아차리세요.
마지막으로, 당신의 호흡에 부드럽게 주의를 기울이고…… 눈을 뜨세요.

활동 7-4 **이타적 기쁨**을 사용하여 하루에 적어도 한 번 이 활동을 완료합니다(다음 한 주간 최소 세 번). 활동을 하기 전과 후에 경험한 정서, 생각, 신체적 감각을 기록하세요. 활동지는 책에서 여러 장 복사하여 사용하면 됩니다.

활동 7-4　　**이타적 기쁨**

이타적 기쁨을 실천할 날짜를 기록하세요. 누구를 대상으로 이타적 기쁨을 실천할지 최소 한 사람을 선택하여 적습니다. 처음에는 관계가 복잡하지 않은 사람을 선택하는 것이 도움이 될 수 있습니다. 이타적 기쁨 대본을 읽거나 녹음파일을 들어 보세요. 이타적 기쁨을 실천하기 전과 후에 느껴진 기분을 기록하세요(0 = 아주 낮은 긍정정서, 10 = 아주 높은 긍정정서). 그리고 당신이 알아차린 긍정적인 정서, 생각, 또는 신체적인 감각을 어떠한 것이든 적어 보세요. 이 활동을 하루에 한 번씩 완료해 봅시다.

● 날짜:

● 대상:

● 활동 전 기분(0~10):

● 활동 후 기분(0~10):

● 긍정적인 정서:

● 반응(생각, 신체적 감각들):

이타적 기쁨 실천하기에 대한 문제 해결

◉ **저는 이 활동을 하면서 질투심이 느껴지고, 기쁨은 안 느껴져요.**

때때로 우리는 다른 사람들의 성공과 행운에 기쁨 대신 질투를 느낍니다. 스스로에게 '나도 인간이야. 그러니 가끔은 이런 정서를 느끼기도 해.'라고 말함으로써 자신이 느끼는 정서를 인정해 주세요. 이런 정서는 계속해서 여러 번 이 활동을 연습하면서 바뀔 수 있다는 것을 기억하세요. 마음의 준비가 되면 다시 시도하는 것이 좋습니다. **이타적 기쁨**으로 긍정적인 정서를 느끼기까지는 종종 시간이 걸립니다.

◉ **이타적 기쁨은 기도와 같은 건가요?**

이타적 기쁨은 다른 존재의 성공이나 행운에서 기쁨을 느끼는 것이며, 다른 존재에게 정신적으로 긍정적인 메시지를 전하는 활동입니다. **이타적 기쁨** 실천과 기도는 비슷한 점이 있지만 같지는 않습니다. 기도는 여러 가지 형태를 취할 수 있지만, **이타적 기쁨**은 다른 존재의 행운을 위해 행복 메시지를 보내는 특정한 기술입니다. 또한 **이타적 기쁨**과는 달리, 기도는 소망을 들어줄 더 높은 존재를 필요로 합니다. **이타적 기쁨**은 영적인 믿음을 가진 사람과 종교를 가지고 있지 않은 사람들 모두가 실천할 수 있으며 유익을 얻을 수 있습니다.

6. 기술 조합

이 장의 '**긍정성 구축하기**' 세트에 포함된 기술들은 사고 전략과 행동 전략에 해당되므로 이전 장에서 배운 기술과 조합하면 더 좋습니다. **관대함 실천하기**와 **순간을 향유하기**를 조합하면, 관대함을 실천한 것이 긍정적 활동이므로 그 순간을 향유하는 방식으로 두 기술을 최대한 활용할 수 있습니다. **감사 실천하기**와 **긍정적인 면 찾기**는 밀접하게 연결되어 있으므로, 긍정적인 면을 찾아서 감사한 항목으로 선정할 수 있습니다. 또한 **자애**와 **이타적 기쁨**은 당신이 '관계' 영역의 긍정적 활동을 실천할 수 있도록 동기를 부여해 줄 수 있습니다. **긍정적인 상상하기**와 유사하게, **자애**와 **이타적 기쁨**은 심상화를 활용합니다. 여러 기술을 조합하기 전에 우선은 각각의 새로운 기술을 충분히 실천해 보길 권합니다.

여러 기술 중에 일부는 당신에게 좀 더 익히기 어렵게 느껴질 수 있습니다. 예를 들어, 만일 당신이 어떤 이미지를 머릿속에 떠올리거나 눈에 보이는 것처럼 상상하는 것이 어렵다면 **자애**나 **이타적 기쁨**을 누리지 못할 수 있습니다. 하지만 괜찮아요. 각 기술을 최소 일주일 동안은 매일 연습해 보세요. 그럼에도 여전히 해당 기술을 통해 이득을 경험하기 어렵다면 다음 기술로 넘어갈 수 있습니다. **감사** 항목을 찾는 데 어려움을 겪고 있다면 **긍정적인 면 찾기**로 되돌아가서 감사할 만한 일을 찾아보는 것이 도움이 됩니다. 마지막으로, 당신이 이미 다른 사람들에게 너무 많은 자원을 쏟고 있기 때문에 **관대함** 실천하기에 압도되는 느낌이 든다면 이 기술을 당신 자신에게 실천하는 것이 좋습니다. 자신에게 **관대함**을 베푸는 것은 짧은 휴가 보내기, 산책하기, 당신이 좋아하는 음식을 요리하기, 건강 검진하기, 자신을 위해 특별한 선물 사기 등을 예로 들 수 있습니다.

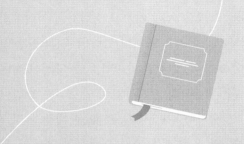

긍정정서치료:
우울과 불안에 대한 새로운 접근

워크북

치료 성과 및 재발 예방

Treatment Gains and Relapse Prevention

제8장 치료 이후 여정 지속하기

긍정정서치료:
우울과 불안에 대한 새로운 접근

워크북

제8장

치료 이후
여정 지속하기

1. 진전 평가

축하합니다! 당신은 긍정정서치료의 모든 핵심 요소를 완료했습니다! 이 치료의 근본적인 목표 중 하나는 긍정적인 면을 알아차리고 그것을 소중하게 여길 수 있도록 돕는 것입니다. 그러므로 당신이 거쳐 온 모든 단계에서 잠시 멈추고, 알아차리고, 그것을 가치 있는 것으로 인정하는 것이 중요합니다. 이제까지 했던 모든 것은 자신을 위해 당신이 기여한 것이며 스스로에게 칭찬을 아끼지 말아야 할 중요한 성취입니다. 지금 어떤 정서가 느껴지는지 살펴보세요. 어쩌면 자부심이나 신나는 정서를 느낄 수도 있습니다. 치료 과정에서 이룬 성취를 만끽하게 한 후에는 이제까지 이룬 진전을 검토하여 다음 단계를 결정하는 것이 도움이 될 수 있습니다.

이 치료에서 제공된 기술을 배우는 것 그 자체로도 성공적이지만, 추가로 이전에 실천했던 기술 중 어떤 것을 다시 실행하는 것이 필요한지 여부를 판단하기 위해 진전을 평가하는 것이 중요합니다. 어떤 사람들은 **나의 진전 평가**(활동 8-1 참조)를 작성해 보면서, 이 치료를 완전히 마무리하기 전에 몇 주 동안 매일 추가로 기술을 연습해야 한다는 것을 알게 됩니다.

모든 사람이 치료를 마치는 것에 대해 기분 좋게 느끼지는 않습니다. 왜냐하면 앞으로 어떤 일이 벌어질지 모르기에 미래에 대해 생각하면 두려움이 느껴질 수도 있기 때문입니다. 치료의 진전은 직선으로 진행되는 경우가 거의 없습니다. 진전이 일어나는 과정에서 종종 오르막과 내리막을 마주할 수 있기에 때로는 혼란스럽고 불편할 수도 있습니다. 당신은 이 치료를 마쳤을 때 이전에 기대했던 것과는 다르다고 느낄 수 있습니다. 따라서 지금까지의 진전을 객관적으로 보는 것이 중요합니다. 지금 살펴볼 **나의 진전 평가**는 자신이 어떤 사람인지를 나타내는 지표가 아니라, 앞으로 어떤 것을 고려하고 준비할지 판단하기 위한 데이터로 보는 것이 도움이 됩니다. 당신이 바라던 이득을 얻지 못했을지라도, 당신은 이 치료에 노력과 에너지를 쏟아 훌륭한 무언가를 성취했으며, 앞으로 당신이 바라는 지점에 도달하기 위해 더 많은 시간과 연습이 필요할 수 있습니다.

활동 8-1 나의 진전 평가

활동 8-1 나의 진전 평가의 질문에 답하면 치료를 완결할지, 아니면 어떤 특정 기술로 되돌아갈지 판단하는 데 도움이 됩니다. 활동지는 책에서 복사하여 사용할 수 있습니다.

활동 8-1   나의 진전 평가

- **전반적 평가: 긍정적인 기분**

1. 치료를 시작한 이후로 기분이 전반적으로 개선되었습니까?

2. 현재 긍정적인 정서를 좀 더 **자주** 느끼고 있습니까?

   하루 또는 일주일 동안 긍정적인 정서를 **더 많이** 알아차리고 있습니까?

   특정한 긍정적인 정서를 **더 강하게** 느낍니까?

- **전반적 평가: 부정적인 기분**

3. 부정적인 기분은 어떻습니까?

- **치료 평가: 핵심 요소**

- **제5장: 기분이 나아지기 위한 활동**

4. 의미 있는 활동에 보다 많이 참여하고 있습니까?

   당신이 했던 활동을 향유할 수 있습니까?

5. 일상에 이전보다 긍정적인 활동들을 더 많이 적용했습니까?

- **제6장: 긍정적인 것에 주의 기울이기**

6. 매일 긍정적인 면을 알아차리고 있습니까?

7. 당신이 잘한 것에 대해 스스로를 인정해 주고 있습니까?

   칭찬을 거부하지 않고 받아들입니까?

   긍정적인 사건을 자신의 행동 덕분이라고 생각하십니까?

8. 미래 사건을 긍정적으로 상상해 보는 시간을 가지십니까?

- **제7장: 긍정성 구축하기**

9. 당신 자신과 다른 사람을 향해 자애의 마음을 더 많이 가지고 있습니까?

10. 다른 사람의 성공과 기쁨에 대해 긍정적인 정서를 느끼고 있습니까?

11. 매일, 심지어 스트레스를 받는 중에도 감사한 마음을 느끼고 있습니까?

12. 다른 사람이나 자신에 대해 보다 관대합니까?

    일주일에 몇 번씩 사소할지라도 관대함을 실천했습니까?

만일 1번과 2번 질문에 "네"라고 응답했다면 당신은 이 치료를 성공적으로 완료한 것입니다. 당신이 열심히 노력했기 때문에 긍정적인 기분을 더 자주, 다양하게, 좀 더 강하게 경험할 수 있었던 것입니다. 이제 당신은 실천 계획 섹션으로 넘어가면 됩니다.

만일 1번이나 2번에 "아니요"라고 응답했다면, 4번부터 12번까지의 질문에 어떤 답변을 했는지 검토해 봅시다. 특정 기술 또는 챕터에 당신이 "아니요"라고 응답했다면 추가적인 성과를 얻을 수 있도록 한두 주 더 해당 자료로 되돌아가는 것이 도움이 될 것입니다. 만일 추가적인 연습 후에도 개선되지 않는다고 느껴진다면 다른 치료 옵션에 대해 치료자나 의료진과 상담하는 것이 좋습니다.

2. 나의 실천 계획

1) 장기 목표

당신은 기분을 개선했습니다. 이제 치료 후의 목표에 대해 생각할 때입니다. 이 치료법이 어떤 도움이 되었나요? 당신은 어떤 이유로 기분을 개선하고 싶었나요? 이러한 질문에 답하면 치료 후에 무엇을 해야 할지 결정하는 데 도움이 될 수 있습니다. 예를 들어, 보다 충실한 부모가 되기 위해 이 치료를 완수한 거라면, 앞으로 그 목표를 계속 달성하는 데 도움이 될 수 있는 구체적인 단계를 적어 보세요. 활동 8-2 나의 장기 목표를 참조하세요.

조이가 어떻게 지내는지 보겠습니다.

치료가 끝났을 때, 조이는 긍정적인 정서를 이전보다 더 자주, 더 강하게 경험한다는 것을 알아차렸습니다. 그녀는 여전히 가끔 정서 기복을 경험하기도 하지만, 이제 그녀는 기분이 우울하거나 동기, 흥미 또는 기쁨이 거의 느껴지지 않을 때 이러한 마음을 다룰 수 있는 새로운 도구 세트를 가지게 되었습니다. 예를 들어, 조이는 감사 목록 만들기를 일상적으로 실천하고 있기에 기분이 나아지는 데 도움이 되는 작은 것들을 더 잘 인식할 수 있게 되었다고 합니다. 또한 그녀는 남편, 아이들과 유대감을 더 많이 느끼게 되었고, 긍정적인 활동을 더 많이 할 수 있다고 말했습니다. 그녀는 다시 달리기를 시작했는데, 이는 활력을 느끼게 하는 데 도움이 되었습니다. 그녀는 직장에서 실수를 할 때면 긍정적인 면에 집중합니다. 긍정적인 상상하기는 마감일을 맞추는 데 특히 도움이 되었습니다. 조이는 그 순간을 향유하고 주인의식을 가질 수 있게 되었습니다.

[그림 8-1]은 조이가 완성한 나의 장기 목표 활동지입니다.

나의 장기 목표

치료 종결 이후 달성하고자 하는 목표를 최소 1~3개 정하세요. 이 치료는 무엇을 위한 것이었나요? 당신은 어떤 이유로 기분을 개선하고 싶었나요? 각 목표를 달성하기 위해 필요한 단계를 정해 보세요. 이 치료에서 배운 기술을 당신의 목표를 달성하기 위한 단계로 지정하세요.

나의 장기 목표는……

1. 좋은 부모가 되는 것에 대한 주인의식 갖기

1단계	내 아이들과 매주 1~2개씩 즐거운 활동하기
2단계	내 아이들을 떠올리며 매일 밤 감사 목록 작성하기
3단계	힘든 하루를 보냈을 때는 긍정적인 면 찾기

2. 남편과 관계 개선하기

1단계	한 달에 한 번은 저녁에 남편과 데이트하기
2단계	남편을 떠올리며 자애 실천하기
3단계	남편을 떠올리며 매일 밤 감사 목록 작성하기

3. 내 일에 다시 몰입하기

1단계	직장에서 내가 이룬 성과에 대해 주인의식 갖기
2단계	어려운 과업을 해내서 숙달감 쌓아 가기
3단계	힘든 일을 마친 뒤에는 긍정적인 면 찾기

┃그림 8-1┃ 조이가 완성한 '나의 장기 목표' 활동지

활동 8-2 나의 장기 목표

이제 당신 차례입니다! 활동 8-2 **나의 장기 목표** 활동지를 사용하여 자신의 장기 목표 목록을 완성하세요. 조이가 완성한 예시와 같이, 각 단계에는 당신이 이제까지 습득한 기술 중 하나 이상을 활용할 수 있게 작성해 보세요.

활동 8-2 | **나의 장기 목표**

치료 종결 이후 달성하고자 하는 목표를 최소 1~3개 정하세요. 이 치료는 무엇을 위한 것이었나요? 당신은 어떤 이유로 기분을 개선하고 싶었나요? 각 목표를 달성하기 위해 필요한 단계를 정해 보세요. 이 치료에서 배운 기술을 당신의 목표를 달성하기 위한 단계로 지정하세요.

• 나의 장기 목표는……

1. _____

      1단계 _____

      2단계 _____

      3단계 _____

2. _____

      1단계 _____

      2단계 _____

      3단계 _____

3. _____

      1단계 _____

      2단계 _____

      3단계 _____

2) 치료 성과 유지하기

치료가 끝난 후에도 성과를 유지하려면 지속적인 실천이 필요합니다. 근육량을 유지하거나 체중을 감량하기 위해 지속적인 운동과 건강한 식습관이 필요하듯이, 정기적으로 기술을 실천하면 장기적으로 긍정적인 기분을 유지하는 데 도움이 됩니다. 당신이 얻은 성과를 유지할 수 있도록 계획을 세우는 것이 좋습니다. 이 계획을 세울 때 각 치료 모듈에서 얻은 성과를 유지하기 위해 실행 단계를 세분화하는 것이 도움이 될 수 있습니다.

펠릭스가 어떻게 지내는지 보겠습니다.

펠릭스는 새로운 직장을 구했습니다. 그는 자신의 성취를 자랑스러워하며 자신의 노력과 성취에 대해 주인의식을 느끼고 있습니다. 그는 여전히 가끔 기분이 저조한 때가 있지만, 이제 기분을 개선하는 데 도움이 되는 기술이 담긴 새로운 도구 상자를 갖게 되었습니다. 그는 치료를 진행할 때 자애 실천하기와 긍정적인 면 찾기 기술을 특히 좋아했고, 요즘에는 일주일 중에 대부분은 이 두 가지 기술을 사용하고 있습니다. 펠릭스는 긍정적인 면 찾기 기술이 우울한 날에도 긍정적인 측면을 발견하면서 보낼 수 있게 해 주는 효과가 있음을 발견했습니다. 또한 그는 산책을 하거나, 친구와 커피를 마시거나, 좋아하는 노래를 듣는 등 긍정적인 활동을 정기적으로 계획하는 것을 즐깁니다. 펠릭스는 그 순간에 감사하고 향유하는 법을 배웠습니다. 펠릭스는 새로운 소프트웨어로 작곡하는 법을 독학하거나 장 보러 가기, 청소하기와 같이 숙달감을 쌓아 가는 활동을 실천했습니다. 그는 이제 꾸준히 친구들에게 손을 내밀고 이웃들에게 도움을 베풀고 있습니다.

펠릭스는 이와 같은 진전을 유지하기 위해 어떤 단계를 밟아 나가게 될까요? [그림 8-2]는 펠릭스가 완성한 **치료 성과 유지하기** 활동지입니다.

치료 성과 유지하기

각 질문에 답해 보세요. 기분이 나아지기 위한 활동, 긍정적인 것에 주의 기울이기, 긍정성 구축하기 기술을 통해 치료 성과를 어떻게 유지할지 정해 보세요.

기분이 나아지기 위한 활동을 통해 치료 성과를 어떻게 유지할까요?

1.	일주일에 두 번씩 친구에게 전화를 걸어 볼 것이다.
2.	일주일에 최소 한 시간은 구직활동을 할 것이다.
3.	매주 최소 20분은 야외 활동을 할 것이다.

긍정적인 것에 주의 기울이기를 통해 치료 성과를 어떻게 유지할까요?

1.	힘든 날을 보냈을 때는 긍정적인 면을 찾아보겠다.
2.	내가 뭔가 잘 해냈을 때는 그에 대해 주인의식을 가질 것이다.
3.	친구와 만나기 전에는 긍정적인 상상하기를 할 것이다.

긍정성 구축하기를 통해 치료 성과를 어떻게 유지할까요?

1.	가족들을 생각하면서 감사 목록을 만들 것이다.
2.	동네에서 자원봉사를 할 것이다.
3.	나 자신을 위해 자애를 실천할 것이다.

▍그림 8-2 ▍펠릭스가 완성한 '치료 성과 유지하기' 활동지

활동 8-3 치료 성과 유지하기

활동 8-3 **치료 성과 유지하기**를 사용하여 당신이 얻은 성과를 유지시키기 위해 무엇을 할지 생각해 봅시다. 활동지는 책에서 복사하여 사용할 수 있습니다.

활동 8-3	치료 성과 유지하기

각 질문에 답해 보세요. 기분이 나아지기 위한 활동, 긍정적인 것에 주의 기울이기, 긍정성 구축하기 기술을 통해 치료 성과를 어떻게 유지할지 정해 보세요.

• **기분이 나아지기 위한 활동**을 통해 치료 성과를 어떻게 유지할까요?

1. _____

2. _____

3. _____

• **긍정적인 것에 주의 기울이기**를 통해 치료 성과를 어떻게 유지할까요?

1. _____

2. _____

3. _____

• **긍정성 구축하기**를 통해 치료 성과를 어떻게 유지할까요?

1. _____

2. _____

3. _____

3. 치료 성과 유지를 위해 장벽 극복하기

연구에 따르면 치료가 끝난 후에도 치료에서 습득한 기술을 계속 실천할 때 재발 위험이 줄어든다고 합니다. 운전면허를 딴 직후에 운전을 중단해 버린다면 어떤 일이 일어날지 상상해 보세요. 운전하는 방법을 잊어버릴 가능성이 큽니다. 행동 기술과 사고 기술도 비슷합니다. 운전과 마찬가지로 지속적인 실천을 통해 제2의 천성이 되도록 노력하는 것이 필요합니다. 앞으로 어려운 상황들이 생길 수 있습니다. 당신이 운전하고 있는데 예기치 않게 어떤 아이가 당신의 차 앞으로 길을 건넌다고 상상해 보세요. 매일 운전하면 그런 상황에 대처하기가 보다 쉬워집니다. 이와 마찬가지로, 치료가 끝난 후에도 기술을 계속 사용하면 삶에서 마주하게 되는 도전과 자연스러운 기분 변화를 더 쉽게 처리할 수 있습니다.

- 앞으로 기술을 실천하는 데 방해가 될 것으로 예상하는 것은 무엇인가요?
- 무엇이 당신을 어려움에 빠지게 할 수 있을까요?
- 당신에게 어려운 기술은 무엇인가요?
- 어떤 스트레스 요인이 특정 기술을 실천하기 어렵게 만들까요?

활동 8-4 장벽 극복하기는 당신이 이러한 질문에 답하는 데 도움이 될 것입니다. [그림 8-3]은 조이가 완성한 예입니다.

장벽 극복하기

당신의 장기 목표들을 달성하는 데 방해가 될 가능성이 있는 장벽들을 생각해 보세요. 이러한 장벽을 피하기 위해 당신이 취할 수 있는 1~3개의 단계를 적어 봅시다.

장벽은……

1. 직장 일이 바빠지는 것

1단계	일주일에 1시간은 여기서 익힌 기술을 다시 검토한다.
2단계	주중에 할 수 있는 긍정적인 활동 두 가지를 계획한다.
3단계	긍정적인 면을 찾을 수 있도록 아침에 5분 정도 시간을 내 본다.

2. 스트레스가 많아지면 기분이 안 좋아지는 것

1단계	하루에 한 가지씩 긍정적인 활동을 계획한다.
2단계	가족에 대해 감사 목록을 작성한다.
3단계	직장에서의 성취에 대해 주인의식을 갖는다.

3. 가족을 챙기느라 스트레스받는 것

1단계	주중에 할 수 있는 긍정적인 활동 두 가지를 계획한다.
2단계	매주 5분 동안 자애를 실천한다.
3단계	가족 행사가 있기 전에 긍정적인 상상을 한다.

┃ 그림 8-3 ┃ 조이가 완성한 '장벽 극복하기' 활동지

활동 8-4 장벽 극복하기

이제 당신 차례입니다! 활동 8-4 **장벽 극복하기**를 사용하여, 당신에게 생길 수 있는 잠재적인 장벽을 가능한 한 많이 찾아봅니다. 더 많은 칸이 필요한 경우 책에서 활동지를 복사하여 사용합니다. 각 장벽을 피하기 위해 당신이 할 수 있는 것을 1~3가지 단계로 나열해 보세요. 예를 들어, 하루에 기술을 정기적으로 실천할 수 있는 시간 정해 놓기, 휴대폰에 미리 알림 설정하기, 일주일에 한 번 또는 한 달에 한 번 워크북 다시 살펴보기, 어렵게 느껴지는 활동을 워크북에 기록하여 계속 실천해 보기 등이 있습니다.

활동 8-4 장벽 극복하기

당신의 장기 목표들을 달성하는 데 방해가 될 가능성이 있는 장벽들을 생각해 보세요. 이러한 장벽을 피하기 위해 당신이 취할 수 있는 1~3개의 단계를 적어 봅시다.

- 장벽은……

1. _____

    1단계 _____

    2단계 _____

    3단계 _____

2. _____

    1단계 _____

    2단계 _____

    3단계 _____

3. _____

    1단계 _____

    2단계 _____

    3단계 _____

4. 실수와 재발의 차이

　행동을 바꾸고 새로운 습관을 만드는 것은 어려운 일이며, 특히 오래된 습관이 수년 동안 지속되어 너무 자동적인 행동이 되었다면 이를 바꾸기는 더욱 어렵습니다. 그러므로 당신이 특히 스트레스를 받는 시기에는 예전의 습관으로 돌아가는 순간이 올 수도 있음을 예상하기 바랍니다. 이러한 현상을 '실수'라고 합니다. 실수는 누구에게나 일어날 수 있는 것이니 괜찮습니다. 실수는 실패를 의미하는 것이 아니며, 걱정할 만한 것이 아닙니다. 당신이 실수를 알아차린다면 스스로를 자비로운 마음으로 대해 주세요. 그리고 계속 기술을 실천하면서 앞으로 나아가면 됩니다. 기술 실천을 지속하는 것이 성과를 유지하는 데 필수적입니다.

　실수는 재발과 다릅니다. 실수는 기간이 짧지만, 재발은 며칠 또는 몇 주간 지속됩니다. 재발은 긍정적인 기분이나 부정적인 기분이 치료 이전의 수준으로 되돌아간 것을 말합니다. 이 장에서 다루는 내용이 재발을 피하는 데 도움이 될 것입니다.

　나의 장기 목표(활동 8-2)와 **치료 성과 유지하기**(활동 8-3), **장벽 극복하기**(활동 8-4)를 정기적으로 다시 검토하세요. 그리고 당신이 실수가 아니라 재발을 경험하는 중이라 생각된다면 치료자 또는 의료진과 상의해 보세요.

　치료를 종결하는 것에 대해 약간의 불안감을 느낀다면 그것은 매우 일반적인 일입니다. 이 워크북의 활동들을 정기적으로 되짚어 보세요. 이 책에서 활동지를 복사하여 필요에 따라 정기적으로 찾아볼 수 있는 장소에 보관하여 검토하세요. 당신의 힘으로, 당신이 이제까지 노력했기 때문에 이 치료를 성공적으로 마칠 수 있었다는 점을 꼭 기억하세요. 이는 당신이 치료를 마친 뒤에도 성과를 유지할 수 있는 능력을 가지고 있다는 것을 의미합니다. 지금 이 순간에는 **주인의식 갖기**와 **긍정적인 상상하기** 기술이 도움이 될 것입니다. 이를 통해 당신이 이룬 성과를 기억하고 긍정적인 미래를 마음속에 그려 보세요.

5. 추가적인 도움을 구해야 하는 경우

긍정정서치료는 무쾌감증과 임상 수준의 우울, 스트레스, 불안을 경험하는 사람들에게 긍정정서를 증진하고 부정정서를 줄이는 데 효과적인 것으로 밝혀져 왔습니다. 또한 긍정정서치료는 자살 행동을 감소시키기도 합니다. 당신이 이와 같은 증상들을 다시 경험하지 않게 되길 바랍니다. 아마도 당신은 스스로에게 이렇게 자문할 수도 있습니다. '그럼 나는 이제 치료가 된 건가?' 이에 답하기는 어렵습니다. 연구 결과를 보면 정서장애는 재발할 수도 있습니다. 예를 들어, 우울장애를 겪는 사람은 증상이 크게 호전되고 오랫동안 건강하게 지낼 수 있지만, 어떤 이들은 인생의 어느 시점에서 또다시 우울을 경험하게 될 수 있습니다. 앞서 언급했듯이, 이제까지 당신은 이 치료를 통해 여러 기술을 배우고 적용해 봤으므로 앞으로는 독립적으로 기술을 사용할 수 있습니다. 어떤 새로운 기술을 배울 때 중요한 것은 학습을 마친 시점부터 새로운 시작이 열렸음을 기억하는 것입니다. 새로운 언어를 배웠지만 자격증을 받은 후에 한 번도 그 언어를 연습하지 않거나, 운전면허증을 받은 후에 다시는 운전을 하지 않는다고 상상해 보세요. 당신은 배운 기술을 잊어버릴 것이고 막상 필요할 때 기술을 사용하지 못할 수 있습니다. 이와 마찬가지로, 치료를 마친 후에도 힘든 시기가 올 수 있다고 예상하세요. 긍정적인 정서를 개선하고 부정적인 정서를 줄이는 데 가장 도움이 되는 기술을 계속 실천한다면 정서를 다룰 수 있는 준비가 더 잘될 것입니다.

그러나 때로는 당신이 혼자서 기술을 사용하는 것만으로는 충분하지 않을 수 있습니다. 이런 경우에는 추가적인 도움이 필요할 수 있습니다. 만일 지금까지의 과정을 치료자와 함께 작업했었다면, 추가 회기를 예약하는 것이 도움이 될 수 있습니다. 한두 번의 회기를 추가로 가지면 정상 궤도에 오르기에 충분할 것입니다. 만일 당신이 이제까지 혼자서 작업했다면 근거기반치료(인지행동치료)를 시행하는 치료자에게 도움을 구하는 것이 좋습니다. 또는 전문의에게 진료를 받고 약물치료를 시도하거나, 약물치료와 심리치료를 병행할 수 있습니다.

여러 증상에 압도될 때까지 당신을 홀로 두지 마세요. 당신이 악화되고 있다는 것을 가리키는 유발 요인과 징후를 잘 관찰하세요. 이를 위한 한 가지 방법은 기분 평가 일기를 작성하는 것입니다. 정서장애는 치료가 가능한 장애이며, 다른 장애와 마찬가지로 조기에 치료할수록 회복이 빠르다는 것을 명심하세요.

6. 마무리하며

축하합니다! 당신은 긍정정서치료를 완료했습니다. 당신은 이제까지 각 기술을 마스터했을 뿐만 아니라 발생할 수 있는 어려움을 찾아보고 문제를 해결해 왔습니다. 당신은 자신의 치료자가 되었습니다. 이것은 진정한 성공을 의미합니다.

당신에게 도움이 되길 바라는 기술을 제공할 수 있게 해 주서서 감사합니다. 이제 당신은 기술로 가득 찬 도구 상자를 갖추게 되었습니다. 당신은 치료 과정에서 긍정적인 기분을 개선하기 위해 열심히 노력했습니다. 이 모든 과정에 대해 주인의식을 갖고 이 순간을 만끽하세요! 긍정적인 활동이나 선물로 스스로에게 보상하고, 당신 앞에 놓인 길에 관심을 기울이세요. 때로는 울적한 날도 있겠지만, 그럼에도 긍정적인 측면이 있음을 기억하고, 당신에게 생각과 행동, 정서를 변화시키는 지속적인 실천을 통해 상황을 개선할 수 있는 능력이 있음을 기억하세요. 앞으로 펼쳐질 당신의 여정에 행운이 가득하길 바랍니다!

7. 관련 기관 목록

- 한국상담심리학회. krcpa.or.kr
- 한국인지행동치료학회. www.kacbt.org
- 한국심리학회. www.koreapsychology.or.kr

찾아보기

저자 소개

Alicia E. Meuret, PhD

Southern Methodist University(SMU) 심리학과 교수이자 SMU 불안 및 우울증 연구 센터(Anxiety and Depression Research Center) 소장이고 공인 임상심리학자이다. Stanford University 정신의학 및 행동과학과에서 박사학위를 취득했고, Harvard University 정서신경과학연구소(Affective Neuroscience Laboratory)와 Boston University 불안 및 관련 장애 센터(Center for Anxiety and Related Disorders)에서 박사 후 과정을 마쳤다. 20년 이상 정서장애 환자를 치료한 임상 경력을 가지고 있다.

Halina J. Dour, PhD

Center for Genuine Growth의 대표이다. Orlando VA Healthcare System의 섭식장애팀 코디네이터로 근무했고 PTSD 임상팀에서 활동했다. 근거기반치료에 대한 풍부한 교육을 받았으며, 여러 치료 개발 프로젝트에서 컨설턴트로 활동했다. Wellesley College에서 심리학 학사학위를, UCLA에서 임상심리학 박사학위를 취득하였다.

Amanda G. Loerinc Guinyard, PhD

Boston 인지행동치료 센터(CBT Center of Boston)의 창립자이자 전무이사이며, Massachusetts, California, Connecticut에서 면허를 받은 임상심리학자이다. Boston에서 인지행동치료(CBT)와 변증법적행동치료(DBT)를 진행하며, 전국 심리학자 및 정신건강전문가 대상으로 CBT와 DBT 상담 및 교육을 제공하고 있다. Boston University 심리학과를 졸업하고 UCLA에서 박사학위를 취득하였다.

Michelle G. Craske, PhD

UCLA 심리학, 정신의학 및 생명행동과학과 교수이자 Miller 석좌교수이다. UCLA 불안 및 우울증 연구 센터(Anxiety and Depression Research Center)의 소장, Staglin 가족 음악 센터(Family Music Center for Behavioral and Brain Health) 부소장을 맡고 있으며, UCLA Depression Grand Challenge의 공동 책임자이다. 공포, 불안, 우울증 분야에서 광범위한 연구를 수행하고 논문을 발표했으며, Web of Science의 가장 많이 인용된 연구자로 등록되었다.

김경희(Kim, Kyung Hee)

가톨릭대학교 일반대학원에서 상담심리학 전공으로 박사학위를 취득했으며, 긍정정서 조절 문제와 우울 등에 관심을 두고 연구를 진행하고 있다. (사)한국상담심리학회 총무이사, (사)한국인지행동치료학회 학술위원을 역임하였으며, 현재 가톨릭대학교 상담심리대학원 조교수로 재직 중이다. 상담심리전문가로서 활동하며 상담자 양성에 힘쓰고 있다.

이희경(Lee, Hee-Kyung)

한양대학교 대학원에서 상담심리학 전공으로 박사학위를 받았으며, 현재 가톨릭대학교 심리학과 교수로 재직 중이다. 가톨릭대학교 학생생활상담소장, 상담심리대학원장, 학생처장과 한국상담심리학회 부회장을 역임하였다. 상담 전공생들을 지도하면서 긍정심리특성이 심리적 고통 극복 과정에 미치는 영향에 대해 관심을 갖고, 긍정심리학적 상담모형 및 한국적 긍정심리 평가도구 개발 등에 관한 연구를 하고 있다. 역서로는 『상담연구방법론』(공역, 센게이지러닝, 2017), 『긍정 심리학 핸드북』(역, 학지사, 2008), 『긍정심리평가: 모델과 측정』(공역, 학지사, 2008), 『카렌 호나이의 정신분석』(공역, 학지사, 2006), 『상담심리학』(공역, 학지사, 2020)이 있다.

긍정정서치료:
우울과 불안에 대한 새로운 접근
-워크북-

Positive Affect Treatment for Depression and Anxiety

2024년 10월 5일 1판 1쇄 인쇄
2024년 10월 10일 1판 1쇄 발행

지은이 • Alicia E. Meuret · Halina J. Dour
          Amanda G. Loerinc Guinyard · Michelle G. Craske
옮긴이 • 김경희 · 이희경
펴낸이 • 김진환
펴낸곳 • (주) **학지사**

          04031 서울특별시 마포구 양화로 15길 20 마인드월드빌딩
대표전화 • 02)330-5114   팩스 • 02)324-2345
등록번호 • 제313-2006-000265호

홈페이지 • http://www.hakjisa.co.kr
인스타그램 • https://www.instagram.com/hakjisabook

ISBN 978-89-997-3243-0 93180
        978-89-997-3246-1 (set)

정가 17,000원

■ 출판미디어기업 **학지사**

간호보건의학출판 **학지사메디컬** www.hakjisamd.co.kr
심리검사연구소 **인싸이트** www.inpsyt.co.kr
학술논문서비스 **뉴논문** www.newnonmun.com
교육연수원 **카운피아** www.counpia.com
대학교재전자책플랫폼 **캠퍼스북** www.campusbook.co.kr